1 THEME × MINUTE

わかる!! できる!! 売れる!!
# クレーム応対の教科書

クレーム応対の達人
リテールコンサルタント
**西村宏子**
Hiroko Nishimura

### はじめに
# もうクレームに悩まされなくなる！

　この本を手に取ってくださった皆様はきっと、クレーム応対がもっと上手になりたい、なんとかクレームを減らしたいと願う前向きな方だと思います。

　私は百貨店の新入社員のときに販売・接客のインストラクターになり、その後コンサルタントとして店長や販売スタッフの研修をずっと担当してまいりました。
　その中で、接客上級編と言えばクレーム応対の研修です。販売スタッフとしてクレーム応対がスムーズにできれば、あなたは上級と認められる証となります。

　今でこそ笑顔でクレーム応対について講演し、クレームに関する著作もありますが、もちろん私も最初はクレーム応対初心者でした。
　新卒で当時日本最大の売り場面積でオープンした百貨店にインストラクターとして勤務した私を待っていたのが、クレームの山という山でした。

　人事部と売り場責任者を兼務し、従業員研修を終えてデスクに戻れば、「〇〇売り場の応対がひどい！」「従業員の教育はどうなっているのか！」という電話を受け、担当していた売り場ではひたすらお詫びし、上司を探して走り回り、ときには菓子折りと交換商品を持ってお客様のご自宅にお詫びに行くという日々でした。

　「なぜこんなに毎日クレームが多いのだろう？　お客様に叱られる前にクレームをとめられないのか」と新人ながらも工夫して、なんとか自分の売り場のクレームを3年間食いとめましたが、それでもフロア全体、全館ではなかなか減りません。

そうです。ひとつのクレームをやっと無事に解決しても、はい次、また次…というようにトラブルの種が尽きないのです。
　商品を投げつけられ、怒鳴られ、バカヤローと言われ…、それでも一生懸命に応対していました。それを見た他のお客様に「いろいろなお客さんがいて大変ね、頑張ってね」と励ましてもらったこともありました。

　私のクレーム応対に対する意識が変わったのは、2時間近く電話で怒っていたお客様から、ふと優しい口調で「あなたたちも毎日店が混雑して大変なのはわかるけど、やることはきちんとやってもらわないと…」という言葉を頂戴したときです。
　同じお客様でもこちらの応対次第で、理解してもらえることがあると学びました。「なんだ、どの方も同じお客様じゃないか、ていねいにきちんと話せばわかってもらえる」と気づいたのです。

　このことをきっかけに、私のクレーム応対の腕は上がっていきました。どんなお客様がいらっしゃっても、背筋を伸ばして応対し、最後までお話に耳を傾け、お客様に納得していただける解決策を提示することができるようになりました。
　それまでは、クレームが来たと聞くと、尻込みしていましたが、率先して前に出ることができるようにもなりました。

　クレーム応対の研修では、いろいろなクレームの事例を参加者に出してもらってグループワークをやるのですが、いつの間にか経験したクレームの自慢大会になってしまうことがあります。
　クレームを言われたお客様のことは記憶に鮮明に残っているものです。このお客様のおかげで接客のプロとして成長できました、と嬉しそうに語る方もいらっしゃいます。
　過ぎてしまえばみな美しい思い出というわけではないですが、ク

レーム応対の経験が接客・販売のこやしになり、接客力を磨くチャンスとなるのです。

　クレームは接客の延長線上にあるもので、接客を映す鏡でもあります。クレームの応対方法に、その店とスタッフの接客に対する姿勢や力量が反映されているのです。
　この本を参考に、一人でも多くの方が、お客様から言われたクレームに心を込めて前向きに取り組んでいただけたらと願っております。

　　　２０１６年７月　　　　　　　　　　　　　　　　　　　西村宏子

## クレーム応対の教科書 CONTENTS

### PROLOGUE
### 応対次第でクレームがチャンスに変わる！

### クレームは「お客様の生の声」………014
普段の接客に反映させて売れる店に

### 悪質なクレーマーはほんの一部………016
もっともな内容のものが大半

### 「嫌だな」と思っていると顔に出る………018
「貴重なご意見をいただける機会」ととらえる

### 応対次第でビジネスチャンスに………020
「感じの良い店」の評判が口コミで広まる

## PART 1 まずは知っておきたい「クレーム応対の基本」

**01 クレームは大きく3つに分けられる** ……… 024
「商品」「接客」「設備」に関すること

**02 できればクレームなど言いたくないのが本音** ……… 026
「改善してほしい」と思うからこその切実な訴え

**03 50代と20代のお客様では応対が変わる** ……… 028
ベテランを求めるのか、親しみやすさを望むのか

**04 本当にこわいのは「サイレント・クレーマー」** ……… 030
3割のお客様が黙って店を変えてしまう

**05 信頼を回復してお店のファンになってもらう** ……… 032
「誠実に応対してくれた」と思ったときだけ再来店

**06 クレーム応対の基本をおさえよう** ……… 034
緊張したら意識的にゆっくり話そう

**07 とにかくお客様の話に耳を傾ける** ……… 036
途中でさえぎったりせずに最後までていねいに聞く

**08 会話の中から情報をたくさん集める** ……… 038
5W2Hでクレームが起きた状況を把握

**09 「○○だったのですね」で共感を表現** ……… 040
心を開いてもらうために一番大切なこと

**10 ていねいな接客用語を覚えよう** ……… 042
「そうです」ではなく「さようでございます」

**11 正しい敬語を使えていますか?** ……… 044
間違った敬語で二重クレームに発展することも

**12 最初に応対したら最後まで責任を持つ** ……… 046
部署や肩書きは関係なく、お店の代表として

**13 「たらい回し」だけは絶対に避ける** ……… 048
他の人に引き継ぐかは話を聞いてから判断

★COLUMN1 私が見た中で一番鮮やかなクレーム応対

## PART 2 またお店に来ようと思われる「ていねいなクレーム応対」

**14 怒鳴られてもまずは落ち着くこと**……052
長時間怒鳴り続けられる人は少ないもの

**15 原因がわかるまでは「全面謝罪」はNG!**……054
「限定謝罪」で様子を見る

**16 言いづらいことをソフトに伝える魔法の言葉**……056
「恐れ入りますが」「あいにくですが」…

**17 「特別扱い」を求められても応じない**……058
不公平なサービスはさらなるクレームのもと

**18 「こわい人」でも「優しい人」でも同じ応対を**……060
相手の出方ではなく店の方針で弁償や補填を決める

**19 設備に対するクレームもよくある**……062
冷房の効き過ぎ、トイレがわかりづらい…

**20 店の決まりへのクレームには事情説明を**……064
署名のないカードは使えない、お一人様1点…

**21 会計にかかわるクレームはとてもナーバス**……066
金額の打ち間違いやクレジットカードの承りミス

**22 お客様同士のトラブルには公平な仲裁を**……068
店は関係ないからと見て見ぬ振りはダメ

**23 電話でのクレームはヒートアップしがち**……070
対面以上に言葉を選んで受け答えする

**24 メールでのクレームには迅速な返信が第一**……072
一報で済まない場合は「改めてお電話で」と添える

**25 「店長が出る」のはどこからか決めておく**……074
「金銭を渡すかどうか」が一つの基準

**26 状況が悪化したら一人で戦わずSOSを**……076
明らかな営業妨害や応対が長時間化したとき

**27** 応対が済んだら終わり、ではない………078
「クレーム報告書」でスタッフ全員に回覧する

★COLUMN 2　高級ホテルのランチでがっかりだった応対

**PART 3**　どんなケースもスムーズに解決！「難しいクレーム応対」

**28** 明らかにこちらに落ち度がある場合………082
厳しい叱責は受けとめ、誠心誠意謝るしかない

**29** お客様の勘違いだった場合………084
絶対に恥をかかせないような言い方で

**30** 理不尽なクレームを言われたら…………086
「それは応じかねます」と毅然とした態度が必要

**31** やっぱりこわい！　身の危険を感じたら…………088
万が一のときは法律が味方してくれる

**32** ハードクレームにはこう返す 1………090
「土下座しろ」「クビにしろ」…さらに謝らせたい

**33** ハードクレームにはこう返す 2………092
「ネットに流す」「誠意を見せろ」…見返りを期待

**34** お詫び状を要求されても身構える必要はない………094
形式的なもの。手紙の基本をおさえよう

**35** お客様のご自宅に謝罪に伺うことになったら………096
スーツ着用に手土産持参で

★COLUMN 3　驚くような言いがかりに目が点！

## PART 4 お店ごとの実例満載!「業種別クレーム応対」

**36** アパレル店で多いクレーム 1 ……… 100
不良品?それとも扱い方の問題?

**37** アパレル店に多いクレーム 2 ……… 102
裾直しの寸法間違いなどの確認ミス

**38** 日用品店などに多いクレーム ……… 104
品出し、陳列…。基本的なところにクレームの種がある

**39** 雑貨店などで多いクレーム ……… 106
プレゼントでの購入時にミスがあると大変なことに

**40** 食品専門店で多いクレーム ……… 108
衛生面に敏感なお客様は多い。細心の注意が必要

**41** スーパーマーケットで多いクレーム 1 ……… 110
レジでは会計ミスや箸などの入れ忘れがクレームに

**42** スーパーマーケットで多いクレーム 2 ……… 112
売り場では食品の鮮度や陳列場所など広範囲から

**43** コンビニエンスストアで多いクレーム ……… 114
便利に何でもそろうお店。少しでも足りないとクレームに

**44** ネットショップや通販で多いクレーム ……… 116
実店舗ではないゆえの行き違いが起こる

**45** 飲食店で多いクレーム ……… 118
味の好みは千差万別。すべての要望に応えるのは無理

**46** お酒を出す店で多いクレーム ……… 120
酔っているとささいなことがトラブルに発展

**47** ファストフード店で多いクレーム ……… 122
流れ作業のように接客していると思わぬクレームに

**48** フードコートで多いクレーム ……… 124
土日の昼時はカオス状態!様々なクレームが寄せられる

★COLUMN 4 クレーム詐欺や悪質クレーマーには十分な注意を

## PART 5 トラブルの芽を事前につむ「クレーム予防策」

**49** クレームが増えたときは必ず原因がある………128
いろいろな角度から考えると解決策が見つかることも

**50** 普段の接客レベルを上げるのが最大の予防策………130
いいかげんな応対がクレームを誘発する

**51** スタッフの言動をお客様はよく見ている………132
お客様の前でおしゃべりしたりしていませんか?

**52** 「期待ギャップ」にクレームが生まれる………134
ホテルのような店構えなのに接客が最悪…

**53** 「挨拶」と「名札」でクレームが激減………136
名前がわかる人への安心感は大きい

**54** 「申し訳ありません」以外の謝り方を覚える………138
語彙を増やして脱マニュアル化

**55** 注意事項はPOPと口頭で伝えておく………140
「説明しないほうが悪い」を封じる

**56** スタッフ同士で意見を出し合って問題解決………142
クレームを確実にフィードバックして改善していく

**57** ロールプレイングで応対を学ぶ………144
お客様役をやってみるとお客様の気持ちがよくわかる

**58** SNSでよけいな書き込みをしない………146
「こんなクレーマーが来た」が大炎上!

**59** クレームに心を折られない上手な切り替え法………148
落ち込んだときは仲間に話してリフレッシュ

**60** 結局最後は「ホスピタリティ精神」………150
おもてなしの心の積み重ねで愛されるお店に

★COLUMN 5　ショッピングセンターのテナントのクレーム事情

装丁・本文デザイン　石村紗貴子
図版制作　岩瀬のりひろ

# PROLOGUE

# 応対次第でクレームがチャンスに変わる!

クレームをネガティブにとらえず、お客様の声を伺えるチャンスと考えましょう。
ていねいに応対をすれば、売上やお客様満足度が上がる!
これがクレーム応対の醍醐味です。

**1** ☆ 2 ☆ 3 ☆ 4

# 1 クレームは「お客様の生の声」

**普段の接客に反映させて売れるお店に**

### こわい、嫌だ… そんなクレームもとらえ方次第！

「クレーム」と聞くと、こわい、怒られて嫌だ、できるなら逃げたい…などと否定的な印象をお持ちの方がほとんどだと思います。けれども、「そもそもなぜクレームが起きたの?」と考えると、実際に店を利用された「お客様」が店に対して、不満や不快感を感じられたのが原因です。

ネット上での無責任な匿名の人々の意見とは異なり、実際に店と縁のあったお客様からのご意見です。クレームに対して真摯に応対をしていけば、お客様はきっと再来店してくださいます。

また、クレームとは、他ならぬ「お客様の生の声」です。店によってはお金をかけて覆面調査員に店のサービスの採点をしてもらっているところもあります。クレームは、お客様が実際に利用して感じた、困っていることや改善点を教えてくださるものです。言わばタダでできるマーケティング調査のようなものなのです。

### 「処理」ではなく「応対」するもの

クレーム応対は接客の延長にあるものです。だからこの本では、クレーム「処理」とは言いません。接客と同じように心を込めて「応対」するものだからです。お詫びをする際には、誠心誠意頭を下げましょう。「店」と「客」という関係でも、結局のところは人と人との交流です。必ず通じるものがあると私は思っています。

クレームにきちんと向き合っていくと、お客様とより良好な関係を築けるようになります。一緒に応対方法を考えていきましょう。

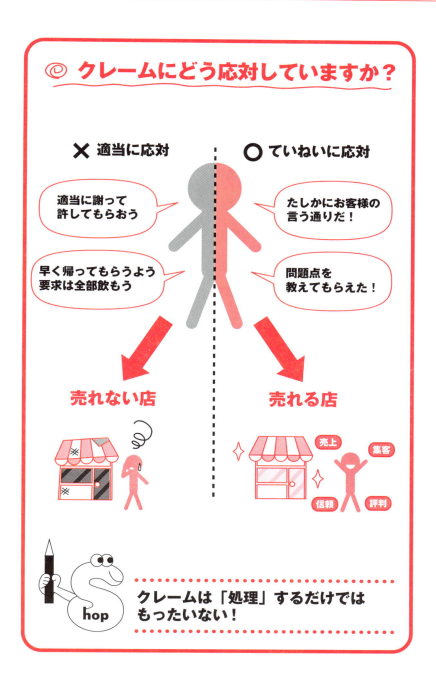

# 2 悪質なクレーマーはほんの一部

## もっともな内容のものが大半

### 英語の「claim」は「主張する」という意味

　英語の「claim」には主張する・請求する、などといった意味があります。なので本来の意味に沿ってみると、「お客様が不満や不快を感じたときに申し立てるもの」で、お客様にとってみれば当然の権利です。店側にとっては、お客様の率直な意見を教えてもらえるありがたい機会なのです。

　ところが、一般的に「クレーマー」となると、ここから意味が転じて「理不尽な要求をする」「人格否定にあたる言動をする」人を指すようになりました。近年はこういった人たちがメディアなどで取り上げられることが多くなっています。

### いきなりクレーマー扱いはNG

　とはいえ、このようなクレーマーはレアケースです。残念ながら、実際に存在することは事実ですが、実は販売スタッフの中でも全体の1～2％の方しか遭遇経験はないようです。

　重要なのは、クレーマーの存在を意識しすぎるあまり、至極もっともなクレームを抱えたお客様までクレーマー扱いしないようにすることです。

　ある雑貨店でお客様からクレームを受けて、いきなり土下座をしてしまったスタッフがいました。まるでクレーマーのような扱いを受け、恥をかいたと二重のクレームになってしまいました。いきなりクレーマーと決めつけずに、店をご利用いただいた「大事なお客様」として応対するよう心がけましょう。

## ハードクレームはレアケース！

**✕ 謝ればいいとは限らない**

「申し訳ありません」

「話を聞いてほしいだけなのに」

**○ まずは詳しく話を聞く**

「はい、それはご不便おかけしました」

「この前ここで買ったんだけどそうしたら…」

「ちゃんと聞いてくれている」

「大事なお客様」として接しよう

PROLOGUE　応対次第でクレームがチャンスに変わる！

## 3 「嫌だな」と思っていると顔に出る

「貴重なご意見をいただける機会」ととらえる

### クレームは決して「特別なこと」ではない

　問題の大小や内容を問わなければ、クレームを応対する機会というのは決して珍しいことではありません。8割のお客様との間に長期的な信頼関係のある化粧品店でも、商品やイベントについてなどの意見を言われる機会が多いそうです。「この前の新製品、全然ダメだったわ。お金を返してほしいくらい」と厳しく言われることも。

　この店のように、ほとんどが固定のお客様の場合でも、「意見」という形のクレームはやってきます。「クレームか、嫌だなあ」と思っていると、気持ちが表情や言動に表れてしまいます。通常の接客としてとらえて、平常心で応対するようにしましょう。

### あまり重くとらえないようにする

　一方、別の化粧品会社のコールセンターに、不満の内容や原因がわからないクレームがありました。強い剣幕でおっしゃっているのですが、何について怒っているのかさえわかりません。スタッフが思わず「お客様の一番のお困り事は何でしょうか」と尋ねると「家のことで頭にきていたから、誰かに何かをぶつけたかった」との答えが。

　これは少々理不尽な例ですが、クレームを言ってくるお客様にも、そのときどきで様々な気持ちがあります。普段なら気にとめないようなことでも、虫の居所が悪いと、思わずかっとなってしまうこともあるでしょう。

　お客様の理不尽に逐一耐える必要はありませんが、「お客様にもそういう気分のときもある」と思うだけで、だいぶ気がラクになります。

## クレームと意見は紙一重

### ✗ 嫌なこととしてとらえる

### ○ 大事なお客様として応対する

平常心でいつも通りの接客をしよう

# 4 応対次第でビジネスチャンスに

### 「感じの良い店」の評判が口コミで広まる

#### 一つのクレームの背後にはたくさんのお客様が

その店のサービスや商品にクレームが入ったら、同じような不満を持っている方が他に最低でも5～10名はいると思ったほうがいいでしょう。不満を伝えずに、黙ったまま店を利用しなくなるお客様はたくさんいらっしゃいます。一つのクレームを解決すると、その何倍ものお客様の不満を取り除くことにもつながるのです。

顧客満足度を上げるということを、多くの企業や店が目標にしていると思います。クレームはお客様の不満の結晶です。クレームの一つひとつに耳を傾け、改善することで、より多くのお客様の満足を引き出すことにつながります。

#### 口コミの影響力は絶大！

口コミはあっという間に広がっていきます。身近な人からの情報は広告等よりもはるかに訴求性が高いと言われています。とくに、最近ではSNSなどで出回る情報も強い影響力を持っています。一人が5～6人に話し、その方たちがまた周りの方に話して…、と続いていくと情報はねずみ算式に広まっていきます。

クレームの内容自体よりも、その後の応対が重要になります。仮にクレームの原因が店側のミスでも、応対がていねいであれば、「感じの良い店」として評判が広がります。

クレームを言われたときに、目の前のお客様の応対をするということは、同時にまだ見ぬ何倍ものお客様に応対するのと同じなのです。

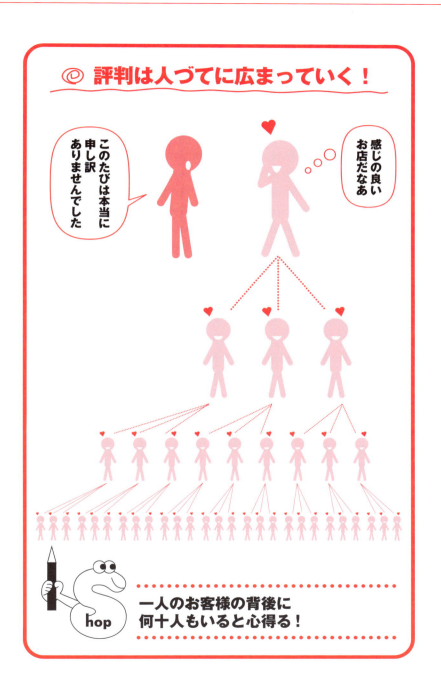

# PART 1

## まずは知っておきたい「クレーム応対の基本」

きちんとお客様に納得いただけるクレーム応対をするには
はじめに覚えておきたい大切な基本があります！
まずはココからおさえていきましょう。

01 ➤ ➤ ➤ 13

## 01 クレームは大きく3つに分けられる

「商品」「接客」「設備」に関すること

### 原因をしっかり分析して解決に努める

　クレーム応対はたまにするけれど、解決した後までは考えたことはない。毎日笑顔でていねいに接客をして頑張っている。そこにクレームを言われて滅入っているのに、これ以上クレームのことなんて考えたくない…。おそらく多くの方はそうお考えかと思います。

　クレームは放っておいてもなくなりません。ですがきちんとひとつひとつのクレームと向き合うと、いろいろなことが見えてきます。自分の接客、お店の問題点、お客様の気持ち…。クレームはお店を写す鏡なのです。しっかりと分析して、原因の解決に努力すれば、必ず今よりももっと良い店に、そして良いスタッフになれます。ぜひ寄せられるクレーム、つまりはお客様の声に耳をすませてみましょう。

### どんなクレームが一番多い？

　ではどのようなクレームが一番多いのかというと、大きく原因を「接客」「商品」「設備」の3つに分けることができます。実はこういった分類はクレームを考えるうえで非常に重要です。たとえばひどくお怒りのお客様がいらして、激しい剣幕でクレームを言ってきたとき、お客様の矛先は怒りに任せてあちこちに向かいます。けれども、クレームに至った一番のきっかけが「最初に応対したスタッフの失礼な発言」という「接客」が原因なのか、「初期不良で大事な場面で使えずに困った」という「商品」が原因なのか、「問い合わせ窓口がわからずに困った」という「設備」が原因なのか、特定することができれば、その後の応対を非常にスムーズに進めることができるのです。

## まずはクレームを分類してみよう

### 「商品」に関するクレーム

- 商品が壊れていた、汚れていた
- 異物混入
- 商品が違っていた
- 在庫がない
- 商品の数が足りない
- （品質に対して）価格が高い　など

### 「接客」に関するクレーム

- 店員の態度が悪い、愛想がない
- 言葉遣いが悪い
- 店員同士でおしゃべりしている
- 商品知識が足りない、説明が悪い　など
- 買わせようとしつこい

### 「設備」に関するクレーム

- 店内が汚い
- 駐輪場が出し入れしづらい
- 陳列がわかりづらい
- 開店時間が遅い、閉店時間が早い　など
- トイレなどの表示がわかりにくい

何に対するクレームかを特定すればその後の応対がしやすくなる！

PART1　まずは知っておきたい「クレーム応対の基本」　025

## 02 できればクレームなど言いたくないのが本音

「改善してほしい」と思うからこその切実な訴え

### 「うるさい客」と思われるかも…?

　店側からすると、クレームは嫌なものという気持ちがあると思います。しかし、同じようにお客様にとってもクレームを伝えるのは嫌なものです。楽しく買い物や食事をしているときに、クレームを言うと非常に暗い気持ちになります。「うるさい客」と思われるのはとても嫌なものですし、返品や修理の要請のためにまた店に足を運ぶのも面倒なものです。

　お金や時間をかけて買い物や食事に来ているにもかかわらず、クレームを言いたくなるほど不快なことがあって、さらにクレームを言うのは本当に嫌なものなのです。「お客様は好きでクレームを言っているわけではない」ということを改めて意識するようにしましょう。

### 言葉の裏の気持ちを読み取ろう

　このような葛藤をしても、クレームを伝えるのにはそれ以上の理由があります。たとえば接客に対するクレームであれば、「お店にもっと良くなってもらいたい」「次に来たときは同じ思いをしたくない」といった気持ちが、商品に対するクレームであれば「本当に自分は困っていてそれを知ってもらいたい」「修理や交換をしてでも使いたいほどその商品を気に入っている」といった気持ちが言葉の裏には隠れています。「店長を出せ」とつい言ってしまうのは、権限のある人に自分の気持ちを伝えて現状を改善させたい、という思いが強いのです。クレームを言われたら、その言葉を額面通りに受け取るのではなく、その背景の気持ちまでくみ取るようにしましょう。

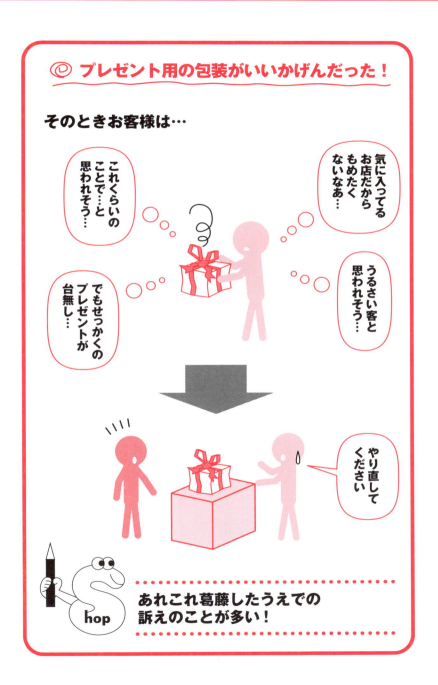

## 03 50代と20代のお客様では応対が変わる

ベテランを求めるのか、親しみやすさを望むのか

### 好まれる接客は年代によって異なる

　お客様の年代によって、実はスタッフの接客方法に好みがあり、厳しく選別されています。長年、店頭の第一線で販売と研修を行ってきた私の経験と、これまで扱ってきた１万件あまりの事例からクレーム応対を分析した結果、見えてきた傾向をまとめてみました。すべての店舗、すべてのお客様に必ずしも当てはまるわけではありませんが、ぜひ参考にしてください。

### お客様の年代別クレームの特徴

　買い物経験が豊富でライフスタイルの充実に関心のある60代以上のお客様は、身だしなみや言葉遣いなどの礼儀正しさを求めます。仕事が遅いスタッフを嫌う50代のお客様は、すぐに責任者を呼び、権限のある人からの応対を望みます。

　社会的なネットワークの広い40代のお客様はいいことも悪いことも口コミですぐに伝えてしまいます。中途半端な応対より知識のあるスタッフの応対を好みます。30代のお客様は、クレームを言うときはHPのお客様窓口に書き込む傾向があります。的確に自分の主張を伝えたいので、店頭では最初に応対した人が最後まで応対するのを好みます。

　20代のお客様は、クレームをあまり伝えず、不満を持ったら別の店に行きます。知らない人と話すことを嫌う人が多く、クレームになった場合は、親しみやすいスタッフを好みます。10代のお客様のクレームは、本人ではなく親が怒って代わりに来る場合が多いです。

## ◎ お客様の世代で応対も変わる

| 年代 | 応対をしてほしいスタッフのタイプ | クレームの言い方 |
|---|---|---|
| 60代以上 | 言葉遣いなどマナーが良いスタッフ | 言ってもムダなので言わない |
| 50代 | 店長、マネージャー | 店長、マネージャーを名指し |
| 40代 | 専門知識のあるベテラン | 友人、知人にクチコミ |
| 30代 | 最初に応対したスタッフ | インターネット経由 |
| 20代 | 親しみやすいスタッフ | 黙って店を変える |
| 10代 | お客様として扱ってくれるスタッフ | 父兄が電話する |

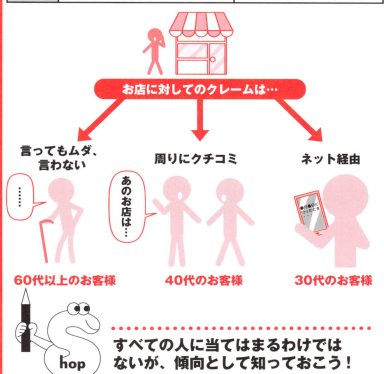

お店に対してのクレームは…

- 言ってもムダ、言わない …… 60代以上のお客様
- 周りにクチコミ「あのお店は…」 40代のお客様
- ネット経由 30代のお客様

すべての人に当てはまるわけではないが、傾向として知っておこう！

# 本当にこわいのは「サイレント・クレーマー」

**3割のお客様が黙って店を変えてしまう**

### 「クレームの数が多い＝問題の多い店」ではない

　ある商業施設で過去3年間の統計を取ったところ、一番クレームが多いのは食品売場で、一番クレームが少ないのは紳士服売場だったそうです。けれども、これは担当者や店舗の優劣ではなく、お客様の数や年齢層、扱う金額や商品数など、いろいろな条件がからんでの結果です。ですから単純に数や内容だけを他店舗と比較して、一喜一憂しないようにしましょう。

### クレームが来るのは実はありがたいこと

　あるアンケート結果では、商品が不良品だった場合、「店舗に言う」お客様が70％超で、「何も言わない、黙っている」が30％弱でした。お金を出して買った商品が不良品で使えなかった、という明らかな不利益を被った場合のクレームでも3割のお客様は何も店に言わないのです。

　彼らのように不満を抱えていても何も言わないお客様を「サイレント・クレーマー」と呼ぶことがあります。彼らは何も言いませんが、悪い印象を抱いたお店にもう一度訪れる確率はぐっと低くなります。こうして店は気づかないうちにお客様を失ってしまっているのです。

　クレームを声に出して伝えてもらえるというのは、とてもありがたいことなのです。クレームを言うお客様の中には、これからも利用し続けるために、問題点を放っておけない、さらにいい店になってほしい、というファンのような方がいらっしゃるのです。

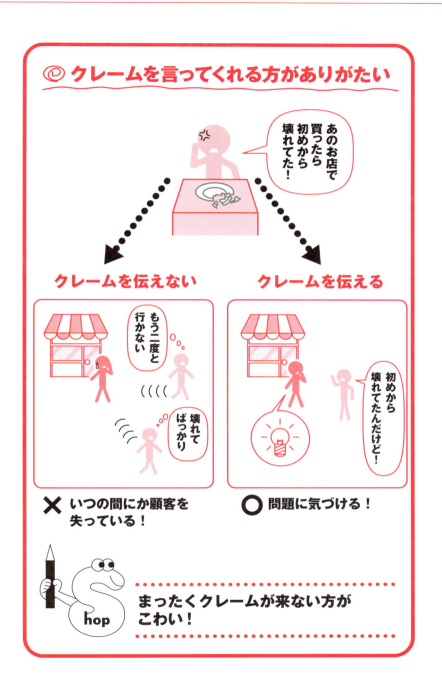

## 05 信頼を回復してお店のファンになってもらう

**「誠実に応対してくれた」と思ったときだけ再来店**

### 問題点が改善されれば満足

　正直に言うと、とくにお怒りの激しいお客様、クレームを言いたいがためにあら探しするようなクレーマーは、クレーム解決後は店舗に姿を見せないことが多いです。そもそも文句を言いたいだけなので、そういった方まで常連に、というのは理想論になってしまいます。

　しかし、「会計で待たされたので早く応対してほしい」「○○が不良品なので取り換えてほしい」と店に対して改善を求めるお客様は、問題点が改善されたら、そのことに満足してまたご来店される可能性が高くなります。「今後もちゃんとやっているか確認に来るから」とまでおっしゃるお客様もいます。

　「自分をお客様として扱ってくれた」「自分の言い分をよく聞いてくれた」「クレームに対してすぐに真摯に応対してくれた」と思った場合にだけ、再来店していただけるのです。

### クレーム後に店に入りづらい方も

　ある婦人服店に、買った商品がほつれたとクレームを言ってきたお客様がいました。その1か月後、店の前を通りかかったところを偶然スタッフが見つけて、店の外に出て「お客様、先日は大変ご迷惑をおかけしました。交換させていただいた商品は大丈夫でしたか？」と声をかけました。するとお客様は笑顔で、「あの後、なんとなくお店に入りにくく感じていたけど、声をかけてくれて良かった」と喜ばれたそうです。お客様に長く店をご利用いただくためには、クレームを解決したら終わりではなく、その後のフォローも大切です。

## 06 クレーム応対の基本をおさえよう

**緊張したら意識的にゆっくり話そう**

### まずは自分が落ち着くこと

　クレームを受けるスタッフは、お客様に叱られると思っているので緊張しがちです。緊張すると顔がこわばって早口になり、声が小さくなります。また、お客様が怒りで声を荒げると防御態勢になって、言葉が乱暴になることがあります。クレームの応対ではまず自分が落ち着いて、平常心を保つように努めましょう。

### 基本は「ゆっくり」「はっきり」「ていねいに」

　話し方のポイントは、「ゆっくり」「はっきり」「ていねいに」です。通常の半分くらいの速さで話すイメージで、一つひとつの言葉を語尾まではっきり発音し、敬語をきちんと使いながら注意深く話しましょう。お客様も話のテンポが遅くなると、少しずつ落ち着いて話をしてくれるようになります。

### 立ち位置や表情、ジェスチャーも大事

　お話を聞くときは、お客様の正面に立つよりも、横並びかあるいは斜め向かい側に立つと、お互いの緊張感を解いて話しやすくなります。話を聞く姿勢はやや前かがみになって、相手の目を穏やかに見ながら、一つひとつにうなずいて話を聞きます。

　手を前に組むのは、心理的に壁を作っているように見えるので、自然に身体の横におきましょう。話す際には、ときどき身振り手振りを加えましょう。

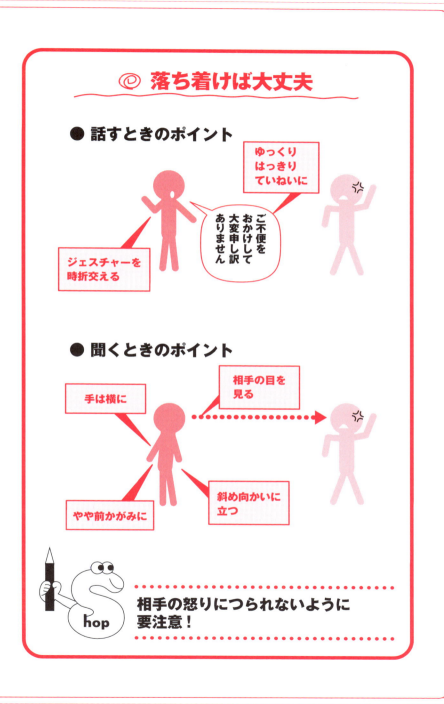

# とにかくお客様の話に耳を傾ける

**途中でさえぎったりせずに最後までていねいに聞く**

### ■言いたいことをすべて話してもらう

　お客様は自分がどれほど不快な気持ちになったかを理解してもらいたいと考えています。ビジネスやカウンセリングの世界で用いられる「傾聴」というテクニックがあります。きちんと相手の目を見ながら、ていねいにあいづちを打って相手に「きちんと聞いている」という姿勢を示すことです。お客様の言葉に100％の意識を集中しましょう。

### ■話の腰を折らない

　お客様が一番嫌うのは、話の腰を折られたり、途中でさえぎられたりすることです。自分の話を聞いてもらえずに、一方的に店の主張を押しつけられたような気分になるからです。同じようなクレームが続いていると、先に結論を伝えたくなる気持ちもわかります。しかし、そのような態度を見せてしまうと二重のクレームに発展します。たとえお店にとっては10件目のケースでも、そのお客様にとっては初めてのことなのです。必ず最後までていねいに話を聞きましょう。

### ■あいづちは的確に

　「はあ?」「それが?」などのいいかげんなあいづちは絶対にNGです。「はい」「ええ」の2つを使い分け、同意する場合は「おっしゃる通りでございます」、詳しく話を聞きたい場合は「もう少し詳しくお聞かせいただけませんでしょうか?」などを使いましょう。「なるほど」は、見下されていると思う方もいますので、避けたほうが無難です。

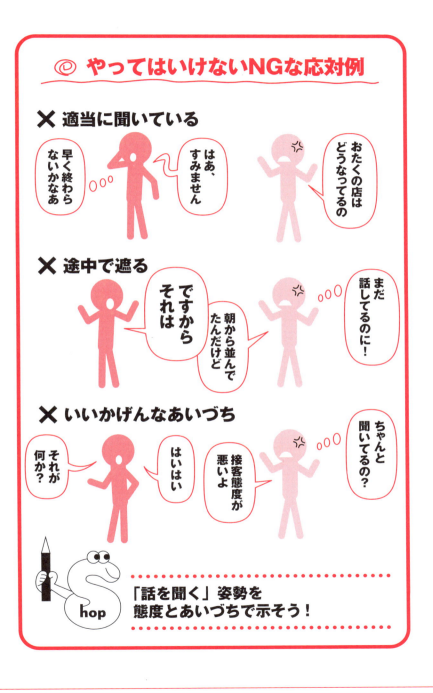

# 会話の中から情報をたくさん集める

**5W2Hでクレームが起きた状況を把握**

### しっかりメモをとる

　お客様のお話を伺いながら、クレームが発生した状況を正確につかみます。5W2Hで確認しましょう。いつ（来店日時、配達日、問題に気づいた日）、どこで（お買い上げの店舗）、誰が（スタッフ名）、何を（商品名）、なぜ（理由、原因）、どのように（商品の状況、応対の要望）、どのくらい（値段・個数）などをきちんと把握しましょう。このときには必ずメモをとっておくようにします。

　できるかぎりたくさんの情報を集めるようにしましょう。思わぬところに原因がある場合があります。また、確認のためにお客様からいろいろと話を聞いているうちに、解決の糸口をつかむことができたり、お客様と打ち解けたり、といった副次的な効果がある場合もあります。

### 「現場」「現品」「現状」を確認

　状況を正確に確認するためには「3現主義」も重要です。3現主義とは「現場」「現品」「現状」を確認することです。

　たとえば商品不良のクレームであれば、現品とレシートをもとに応対します。店の設備が原因であればその現場で、接客態度やサービスに対するクレームであれば、その現状を確認しましょう。口頭でクレームを言われた場合でも、可能な限り「現場」「現品」「現状」を確認します。情報がそろわないうちに、具体的な応対をしてしまうのは避けたほうが後々トラブルになりません。クレームを装った詐欺の被害にあわないためにも徹底しましょう。

## とにかく情報を集めよう！

例． 購入したガラス製品が家に帰って見たら割れていた

### 5W2Hで確認！

**When**
買ったのは
気づいたのは いつ？

**Why**
どうして割れた？

**Where**
どの店舗で買った？

**How**
どのような応対を望んでいる？
どのように割れた？

**Who**
誰が応対した？

**How much / many**
いくらで
いくつ 買った？

**What**
何を買った？

### 3現主義で確認

| 現場 | 現品 | 現状 |
|---|---|---|
| 購入したお店 | 購入した商品 レシート | 誰がどのように応対したか |

後々のトラブルを避けるために必須のこと

# 「○○だったのですね」で共感を表現

## 心を開いてもらうために一番大切なこと

### オウム返しの効果

　お客様にすっきりと納得していただくためには、不満を抱えたお客様の気持ちに共感することが大事です。人は自分に共感してくれていると感じた相手には、話をしやすくなるものです。たまっている不満や、クレームに至った背景を詳しく伺うためには、洗いざらい話し切っていただきましょう。そのためにもきちんと共感しているという態度を示す必要があります。

　お客様が事情を説明してくださっているときに、「○○なさったのですね」「○○についてご不快に思われたのですね」などとオウム返しのように復唱しましょう。こうすることで、「自分の話を聞いてくれている」「共感してくれている」という感情を抱きやすくなります。

　気持ちを言葉にするのは難しいですが、こうして声に出して復唱することで、気持ちを表すことができます。

### 「お客様の味方」という姿勢で

　クレームを抱えたお客様は一人で来店されることが多いです。一人のお客様が、店という「組織」にクレームを伝えるので、往々にしてお客様は孤独です。自分の主張を受け入れてもらえるのか、といった不安や、こんなに自分は不愉快な思いをしたのに、という苛立ちを抱えています。そのときに、店のスタッフという立場をこえて、お客様の気持ちに寄り添うことができると、お客様も心を開いてくれるようになります。自分はお客様の味方として、一緒に店側に主張を伝える、くらいの気持ちになることが大事です。

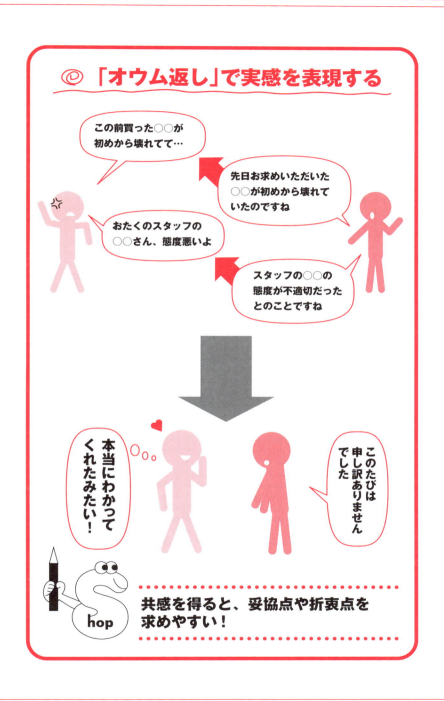

## 10 ていねいな接客用語を覚えよう

「そうです」ではなく「さようでございます」

### 言葉遣いは意外とチェックされている

　たとえ気持ちのうえではお客様の気持ちに寄り添って、真摯な応対をしようと思っていても、言葉遣いがいいかげんでは、その気持ちは伝わりません。また、普段の接客時の言葉遣いを指摘されてクレームになるケースも非常に多いです。言葉遣いは常にチェックされていると意識しましょう。

　基本的な接客用語を右の表にしました。こちらを参考にしてみてください。「そうです」「わかりました」などと使ってしまいがちですが、接客の場ではふさわしくありません。「さようでございます」「かしこまりました」と言い換えて使うようにしましょう。

### 気を抜くとつい若者言葉が出てしまう

　その他にも気をつけたい言葉遣いがあります。いわゆる「若者言葉」や「バイト敬語」と言われるものです。

　接客の中での雑談で、思わず「マジですか」「ヤバイですね」「そうっすね」などと言わないように要注意です。雑談とはいえ仕事です。接客中としての意識を持ちましょう。

　また、「○○のほうお持ちしました」「千円からお預かりします」などという表現も正しくありません。ていねいに言おうと「ほう」や「から」をつけていると思いますが、それが逆に間違った言葉になってしまっています。こういった言葉が原因で、「この店の教育はなっていない」とクレームになるケースが多く見られます。

## ていねいな言い換え表現

| 原型 | ていねいな言い方 |
|---|---|
| 「わかりました」 | 「かしこまりました」<br>「承知いたしました」 |
| 「とんでもないです」 | 「とんでもないことでございます」<br>「とんでもございません」<br>「めっそうもないことです」 |
| 「そうです」 | 「さようでございます」<br>「その通りでございます」<br>「おっしゃる通りです」 |
| 「できません」 | 「いたしかねます」 |
| 「やらないでください」 | 「ご遠慮ください」 |
| 「どうですか」 | 「いかがですか」 |
| 「わかりません」 | 「わかりかねます」 |

言葉遣いがきっかけのクレームは多い。気をつけよう！

# 11 正しい敬語を使えていますか？

### 間違った敬語で二重クレームに発展することも

**「あとで」は「のちほど」、「商品」は「お品物」**

　敬語はクレーム応対のみならず、接客の基本です。間違った敬語を使っていると、それがクレームにつながることもあります。また、クレームを言いに来るお客様は言葉がきつくなっていることがありますが、それを受けたスタッフがぞんざいな言葉を言ったり、間違った敬語を使っていると、さらに厳しい指摘を受けることになります。

　敬語には大きく尊敬語と謙譲語、丁寧語があります。この中の丁寧語は比較的ラクに覚えることができます。〜です、〜ますに加えて、「あとで」を「のちほど」に言い換えるなど、表現をていねいに伝える言葉です。

**尊敬語と謙譲語の使い分けは慣れ**

　難しいのは尊敬語と謙譲語の使い分けです。学校の国語の時間に苦労された方も多いと思います。この二つの使い分けは、「誰の言動か」で区別することです。「言った」のがお客様であれば「おっしゃった」と尊敬語を、反対に自分や店側の人であれば「申し上げた」と謙譲語を使います。「言った」人によって二つの言葉を使い分けなければいけないのが、敬語の難しいところです。右の表の言葉を覚えておきましょう。間違っても、「お客様が申した通りに…」「私が先ほどおっしゃったように…」などとしないようにしましょう。

　最初のうちはぎこちなくなってしまいがちですが、慣れてくるとすらすらと何も考えなくても使い分けられるようになります。必ず使いこなせるようにしておきましょう。

## 基本の敬語をおさえておこう

### 【尊敬語】相手のこと

| | | | | |
|---|---|---|---|---|
| 言う | → おっしゃる | | いる | → いらっしゃる |
| 来る | → おいでになる、みえる | | する | → なさる |
| 食べる | → 召し上がる | | 着る | → お召しになる |
| 知る | → ご存じ | | 見る | → ご覧になる |
| くれる | → くださる | | 買う | → お求めになる |

### 【謙譲語】自分のこと

| | | | | |
|---|---|---|---|---|
| 言う | → 申し上げる | | いる | → おる |
| 来る | → まいる、伺う | | する | → いたす |
| 借りる | → 拝借する | | 聞く | → 伺う、承る |
| 知る | → 存じ上げる | | 見る | → 拝見する |
| もらう | → いただく、頂戴する | | わかる | → 承知する |

### 【丁寧語】

| | | | | |
|---|---|---|---|---|
| これ | → こちら | | この間 | → 先日 |
| 同伴者 | → お連れ様 | | あとで | → のちほど |
| 自分たち | → 私ども | | いま | → ただいま |
| 商品 | → お品物 | | ちょっと | → 少々 |

間違った敬語を使うとそれだけで信用を失う！

# 12 最初に応対したら最後まで責任を持つ

**部署や肩書きは関係なく、お店の代表として**

### 初めの応対で店の姿勢が問われる

　クレームを抱えたお客様が何より嫌うのが、「たらい回し」「責任逃れ」「責任転嫁」です。「専門の部署に聞いて」とすぐに他部門へ放り投げたり、「私は休みだったので知らない」と責任を逃れようとしたり、「自分はアルバイトなので」などと人任せにしようとしてはいけません。

　お客様から見ると、社員もパートもアルバイトも、どの部署にいるかも関係ありません。全員が「店のスタッフ」なのです。

### お客様の代理人としての役割を期待されている

　お客様は誰にどのようにクレームを言えばいいのかの勝手がわかりません。最初にクレームを伝えたスタッフに自分の「代理人」として、会社や店との橋渡し役になってもらいたい、と少なからず思っています。自分で応対するにせよ、上司や他の部署に引き継ぐにせよ、きちんと最後まで責任を持って応対しましょう。

　また、お客様にとって、不備が起きた原因や誰に責任があるかなどはそこまで重要ではありません。お客様の関心事は、どのように解決してくれるのか、今後はどう改善してくれるのか、といった未来のことに他なりません。

　原因解明や責任の所在は、会社や店にとっては大変重要ですが、まずは目の前のお客様の問題解決を最優先にしましょう。

## お客様が求めること

### ✗ 肩書きや部署のせいにする

私はアルバイトなのでわかりません

### ○ 最後まで責任を持って応対する

私が責任を持って承ります

誰の責任かを考える前に、まずはお客様の問題解決が最優先！

## 13 「たらい回し」だけは絶対に避ける

**他の人に引き継ぐかは話を聞いてから判断**

### 売り場の誰もが応対できるようにする

　前の項でも触れたように、クレームを抱えたお客様を「たらい回し」にしてしまうのは、火に油を注ぐようなものです。クレーム応対には「スピード」が非常に重要なのです。ですから、クレーム応対は店頭にいるスタッフ全員が心得ておかなければなりません。

　クレーム応対に特殊な技術や訓練は必要ありません。しっかりとお客様のお話を聞き、事実確認をした後、お客様と店の間の折衷を図る、ということは誰でもできるようになります。まずは話をきくこと。自分では判断できないことがでてきたら、そのときに初めて上司や担当の部署に引き継ぐようにしましょう。

### 店長でなくてもクレームを解決できる！

　ある家具店で、配送方法を巡ってお客様が激怒したケースがありました。あいにくそのときは店長が不在で、他の上司も混雑時で別の応対に追われていたので、女性の学生アルバイターが最後まで応対することになりました。

　お帰りいただけるまで1時間以上、「店長を呼べ」「お前じゃ話にならん」と怒鳴られながらも、その学生アルバイターは「私がこの件に関しましては責任を持ってご説明します。店長でも私でもご説明することは同じです」と気丈に振る舞い続けたそうです。

　最終的にはお客様のご理解をいただけたのですが、「たらい回し」にせずに、一貫して彼女が話を聞き、説明をし続けたことが大きな要因でした。

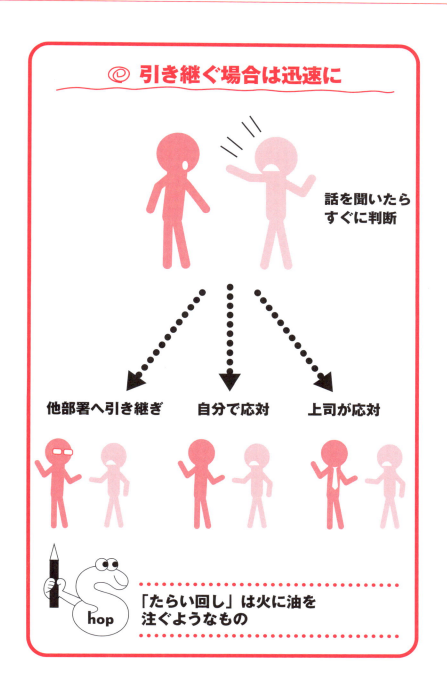

# COLUMN
# 私が見た中で一番鮮やかなクレーム応対

### 「このエメラルドは美しくない」に店長は…

　今まで私が目撃した中で一番鮮やかな手際のクレーム応対と言えば、ある宝石店の30代女性店長です。私はその店で、たまたま友人の誕生日祝いのピアスを見ていました。すると50代の女性客が来店して、購入したエメラルドの指輪のことでスタッフを問い詰めていました。「家に帰って見たら思っていた色と違うのよ。エメラルドはもっと色が濃くて透明感がないと…」

　戸惑うスタッフを制して、さっと前に歩み出たその店長は、「お客様、まったくのインクルージョン（内包物）なしのクリアなエメラルドでしたら、石だけでも１千万円以上します。お買い上げの商品はさすがにそのようなものに比べると色や透明度は劣りますが、同レベルの他の石と比べてもきれいな発色、透明感がございます。ですが、お客様がご希望されるようでしたら、同じ指輪の在庫をお出ししますので、お好きなものをお選びください」と堂々と伝えました。

### プロフェッショナルな回答に返す言葉なし

　一流の宝石を見てきたプロフェッショナルな店長のひと言に、お客様もさすがに返す言葉がなく、「それもそうね」と納得してそのままお帰りになりました。一見すると難航しそうなクレームでしたが、店長の機知に富んだ、毅然とした応対で、スムーズに解決することができた例です。こういった応対をさっとできるのは、商品の特性や市場性などの知識、豊富な接客経験の裏づけがあるからでしょう。お客様に恥をかかせずに、クレームを解決に導いたこの店長さんの手腕に私は心の中で拍手を送りました。

## PART 2

# またお店に来ようと思われる
# 「ていねいなクレーム応対」

とっさのひと言やお客様への配慮でクレームを最小限に!
「こんなにていねいに応対してくれるお店ならまた来たい!」と
お客様から信頼されるクレーム応対のテクニックを紹介します。

14 ➡ ➡ 27

## 14 怒鳴られても まずは落ち着くこと

**長時間怒鳴り続けられる人は少ないもの**

### 深呼吸、水を飲む…。冷静さを保つルーティンを作る

　お客様にいきなりクレームで怒鳴られたら、まずは深呼吸をしましょう。慌てずに落ち着くことが最優先です。お客様のスピードや激しさ、勢いを受けて、慌てて言葉を返すと、火に油を注ぐことになります。あるスーパーマーケットの店長は、スタッフが「店長、お客様からクレームです」と呼びに来たら、水を一杯飲んでから出ていくことにしているそうです。そのようなルーティンを作るのも落ち着きを失わないコツです。

### だいたい30分でトーンダウンする

　かなりお怒りのクレームでも、だいたい30分から、長くても2時間ほどお話を聞いていると、お客様も落ち着いて本当の気持ちを話してくださいます。ずっと怒鳴り続けるのは大変疲れます。ほとんどの方はだんだんと口調が落ち着いてくるものです。まずは途中でさえぎらずに、「はい」「ええ」「それはご不便をおかけいたしました」とうなずきながらあいづちを打ちましょう。

　お客様のお話を聞いて、「○月△日にお買い上げの◇◇が不良品でお使いになれなかったとのことですね。ご迷惑をおかけし、誠に申し訳ございません」と復唱し、誠意をもって謝罪しましょう。

　また、怒りの感情が先行しているときは、お客様のクレームの対象がどこにあるのか見定めるのが難しいことがあります。お客様の激しい剣幕に惑わされずに、「本当にお困りになった部分」を聞き出して、その部分への応対を心がけるようにしましょう。

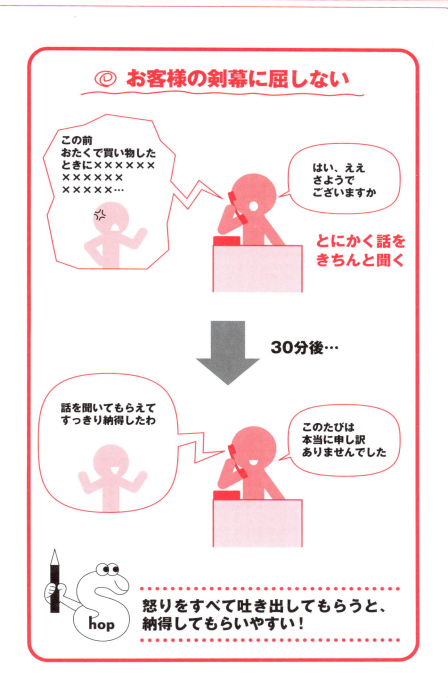

# 15 原因がわかるまでは「全面謝罪」はNG!

**「限定謝罪」で様子を見る**

### まずは不快な気持ちにさせたことをお詫びする

　クレームは、最初にどのように応対するかで、お客様の心情が大きく変わります。真摯にていねいに、「いかがされましたか?」と応対すると、初めは怒っていたとしても、「このお店はきちんと自分の話を聞いてくれる」と思ってくださいます。

　一方で「嫌だな、面倒だな」という気持ちを少しでも思ってしまうと、お客様は敏感に感じとります。するとお客様は「なんだ、その態度は」という気持ちになってしまい、よりクレームが激化してしまうことになります。

### 店側のミスを認めるのは原因を特定してから

　クレームの原因がはっきりしないうちは、「誠に申し訳ございませんでした」と全面的な謝罪は控えたほうが安全です。後でお客様に原因があるとわかっても、一度謝罪したら言質を取られるからです。「最初に店の非を認めて謝ったよね?　だったら慰謝料払ってよ」と言ってつけこまれてしまいます。クレーマーと呼ばれる人たちはそうした方法をとってくる場合が多いです。

　また、いきなり謝ることは、「問題を早く片づけたがっている」という印象を与えかねません。「とりあえず謝っておこう」ではなく、何に対して謝罪しているかをきちんと明確にすると、非常に印象が良くなります。これから原因を調べ、応対策をきちんと提示するという段階では、限定的に謝罪しましょう。右に載せた表現を覚えておくと便利です。

## 覚えておきたい限定謝罪ワード

**限定謝罪とは？**

クレームの内容や原因に対してではなく、気分を害してしまったことや、不便をかけたことに対してのみ、謝罪をすること。

- 「ご指摘いただき、恐れ入ります」
➡ 問題を教えてくださったことへの感謝の表現

- 「ご迷惑をおかけしました」「お手数をおかけしました」
➡ 困らせたり面倒をかけたりしたことへの謝罪表現

- 「ご不快な思いをさせて／ご不便をおかけして申し訳ありません」
➡ お客様の気分を害してしまったことへの謝罪表現

いきなり全面的に謝ってしまうのは控えよう！

PART2 またお店に来ようと思われる「ていねいなクレーム応対」

## 16 言いづらいことをソフトに伝える魔法の言葉

「恐れ入りますが」「あいにくですが」…

### 表現をやわらかくするクッション言葉

「クッション言葉」とは相手の立場を尊重し、単刀直入に言うのがはばかられるときに添える言葉です。クッション言葉を置くことで、お客様の主張を失礼にならないようにお断りしたり、店からのお願い事をスムーズに伝えられるようになります。

### お客様にお願いするときに

「恐れ入りますが」「差し支えなければ」「お手数ですが」などの言葉を依頼する言葉の前に挟むようにしましょう。いきなり「待っていてください」と命令調に伝えるよりも、「恐れ入りますが、少々お待ちいただけますか?」と言うことで、ていねいな印象を与えることができます。疑問系にすることで、相手に断る余地を作るところもポイントです。

### 要望に応えられないときに

お客様の要望に応えられないことを伝えるのは、難しいものです。期待に添えない結果を伝えると、それだけでもお客様の機嫌が損なわれます。少しでもやわらげるために、「あいにくですが」「申し上げにくいのですが」「申し訳ないのですが」などの言葉を挟むようにしましょう。「本当はお客様の期待通りにしたいけれど…」という共感のニュアンスを出すことで、お客様に納得していただきやすくなります。

# ◎「クッション言葉」を覚えよう

## ソフトな依頼

**例**

- 待ってほしいとき → **恐れ入りますが** お待ちいただけますか？

- 連絡先を聞くとき → **差し支えなければ** ご連絡先を伺えますか？

- 商品を送ってほしいとき → **大変お手数ですが** 商品をお送り願えますか？

## ソフトなお断り

**例**

- 品切れを伝えるとき → **あいにくですが** 在庫を切らしておりまして…

- お客様の勘違いを伝えるとき → **大変申し上げにくいのですが** こちらは当店でお求めではないようです。

- できないことを伝えるとき → **申し訳ないのですが** セール品の交換はご容赦いただいております。

**ひと言挟むことで一気にやわらかい印象に！**

PART 2　またお店に来ようと思われる「ていねいなクレーム応対」

## 17 「特別扱い」を求められても応じない

**不公平なサービスはさらなるクレームのもと**

### 一度「もの」で釣ってしまうと…

　ある飲食店で、父子連れのお客様が注文した料理がなかなか出て来ない様子でした。「この間、会社の人とここに食事に来たときに、料理が来るのが遅いと文句言ったら、人数分のビールが無料で出てきたよ。今日も遅いから、何か言ったら飲み物が出てくるかな」と子どもに話していました。

　このように店のミスにごねると何かを無料でもらえる、便宜を図ってもらえると思うお客様がいます。それを見ていた他のお客様が不公平に思ってクレームを言ったり、または便乗してくることもあるかもしれません。安易なサービスでクレームを解決しようとする方法はオススメできません。

### 全員に平等にできるサービスを考える

　たとえば上記の例だと、厨房側のミスでお客様全員を待たせてしまったとなれば、店内にいる全員のお客様に何かを提供するのが、平等の応対となります。それができない場合は、お水やおしぼりを取り換えたり、状況を見て「お待たせして申し訳ございません、あと少しで出来上がりますのでもう少々お待ちください」などとテーブルごとに気配りをしましょう。

　料理をお持ちするときもすみやかに運び、「大変お待たせして申し訳ございませんでした」などと声をかけることで、お客様のご理解をいただける場合があります。

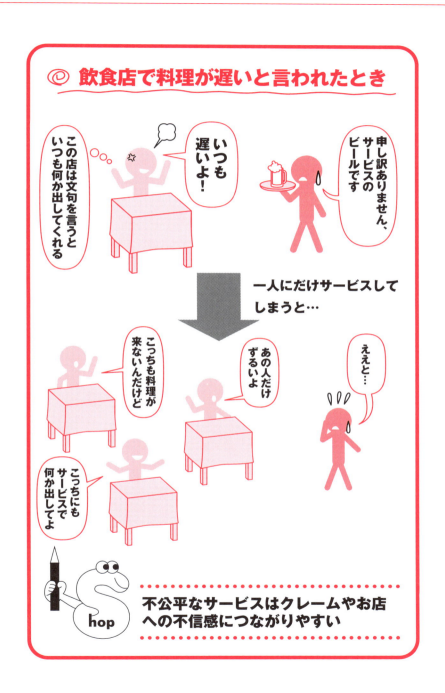

## 18 「こわい人」でも「優しい人」でも同じ応対を

**相手の出方ではなく店の方針で弁償や補填を決める**

### 怒鳴られたらお金を渡して解決？

　ある飲食店に、竹を割ったような性格の新人スタッフが入ってきました。その店ではスタッフが誤ってお客様の洋服に料理をこぼしてしまったときに、相手が怒鳴ったりひどく怒った場合はクリーニング代として3000円を渡し、あまり気にされないお客様の場合は謝罪だけで済ますことが暗黙の了解でした。

　みかねたその新人スタッフが店長に、「不公平ではないですか、おかしいですよ」と応対がお客様の態度でまちまちなことに異議を唱えて、応対のマニュアルを作ることになりました。

### 紳士的なお客様の好意に甘えない

　上記の例のように、見た目がこわもてな方やいきなり怒鳴ってくるような方からのクレームには、相手の要求をそのまま鵜呑みにして、おとなしい方や優しい印象の方からのクレームには、強気に店側の論理をぶつける、といった応対をしているスタッフをよく見ます。

　たしかに恐怖を感じたときに、毅然とした応対をするのは難しいかもしれません。また、逆にお客様が気にされずに弁償や補填を遠慮される場合は、好意に甘えたくなってしまいます。

　けれども、相手によって態度をコロコロと変える接客は、お客様の信用を失います。応対を受けたお客様だけでなく、それを見た・聞いた別のお客様からも嫌われてしまいます。

　どのようなお客様がいらしても、店の方針に則った平等な接客をしましょう。

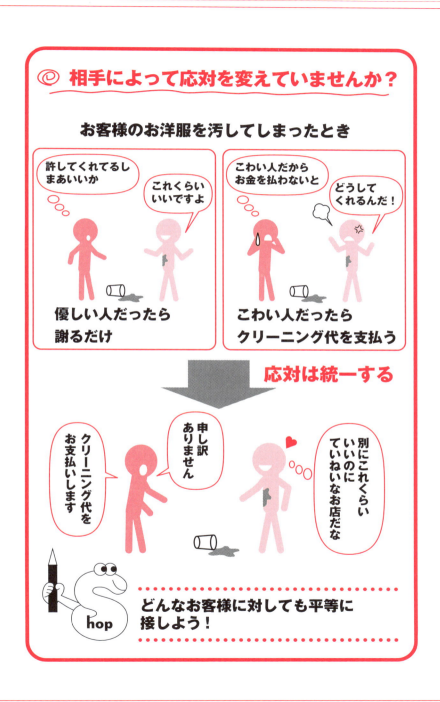

# 19 設備に対するクレームもよくある

**冷房の効き過ぎ、トイレがわかりづらい…**

### 店に足が遠ざかる原因にもなることも

　BGMの音量が大き過ぎる、冷房が効き過ぎている、などの設備に対するクレームも多く寄せられます。設備に対するクレームは、コストなどのいろいろな事情がからみ、根本の解決が難しい場合が多いです。しかし、たとえばトイレの場所がわかりにくいというクレームは、小さなお子様のいるファミリー層には足を遠ざける大きな要因になり得ます。気づかないうちに顧客を失っていることにもなりかねません。代替案を提示したり、安価な方法で補ったりと、できることを探してみましょう。

### 安価な方法で代替できないか考える

　あるスーパーマーケットでは、駐輪場の位置が入口から少し離れていました。それに気づかない多くのお客様が入口近くに自転車を止めるようになり、歩道に自転車が散乱していました。これが原因で、近隣の住人から多くのクレームが寄せられることに。駐輪場を新たに建設するには大きなコストがかかるため、このスーパーでは、誘導係を一人配置して、駐輪場をご案内することにしたそうです。

　ある大型の家具店では、トイレの場所がわからないというクレームが多発していました。売り場が広いため、いくつかあった案内表示ではあまりお客様に伝わっていなかったようです。この店では、トイレについて頻繁に聞かれる場所の統計を取って、「トイレは○メートル先」などの案内表示を増やした結果、クレームの数が減少したそうです。

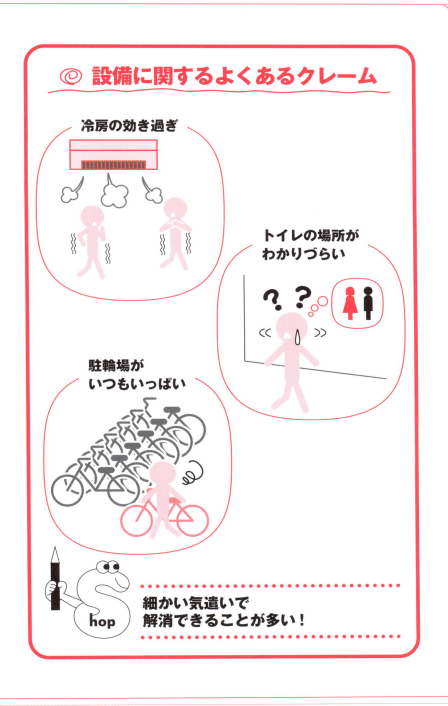

## 20 店の決まりへのクレームには事情説明を

署名のないカードは使えない、お一人様1点…

### 「他の店ではそんなことなかったのに」

　店ごとにそれぞれルールや決まりがあると思います。その店で働いている側としては常識になっていても、お客様にとっては「そんなことは知らない」「他のお店ではそんなことなかった」というようなことも多いので、ていねいに説明しましょう。

　ある大型ホームセンターでは、クレジットカードの裏に本人の署名がないと使用できないことを徹底していました。署名のないカードを使おうとしたお客様にそう伝えたところ、お客様は「そんな話は聞いていない」「他の店では使えた」と主張するのに対し、スタッフは「カード会社から言われているから」の一点張り。話は平行線をたどり、お客様の怒りはどんどん募ってしまいました。

### 「ご理解ください」の謙虚な姿勢で

　また、あるスーパーマーケットで一人1点までと決まっている数量限定商品を「少しぐらいならいいでしょ」と多めに持っていくお客様に注意したところ、クレームになったことがありました。

　初めのうち、お客様はお怒りでしたが、「今回特別にお出しした商品で、よりたくさんの方にお届けしたく、どなた様にも一人1点でお願いしています。たくさんお買い上げいただきたい気持ちはありますが、本社にも厳しく言われておりまして、どうかご理解をお願いいたします」と、正直に理由を説明したところ、「なら仕方ないわね」と納得してお帰りいただけました。店のルールを伝えるときには、事情や理由をきちんと伝えるようにしましょう。

## 伝え方次第でクレームは激減！

### ✕ 一方的に押しつけてしまう

### ◯ 理由を明確に伝える

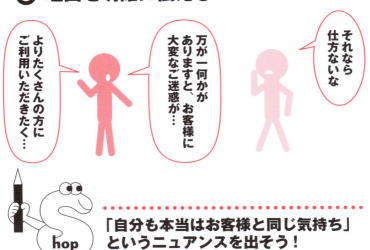

「自分も本当はお客様と同じ気持ち」というニュアンスを出そう！

# 21 会計にかかわるクレームはとてもナーバス

**金額の打ち間違いやクレジットカードの承りミス**

### レジではただでさえイライラしやすい

　お客様がレジに来るのは商品を選ぶ楽しい時間の後で、早くスムーズに終わらせたいと誰もが考えています。そこでミスをしてよけいにお客様の時間をとってしまうと、不満が爆発することになります。混雑しているときは必要以上にイライラしている方が多いのです。

　たとえば、お買い上げは1点なのにレジ登録の際に間違えて2点と登録して、レシートを確認したお客様に「個数が違う、だまし取ろうとしたのか」と疑われてクレームになることもあります。

### 気分良くお帰りいただこう

　クレジットカードを巡るトラブルも非常に多いです。「2回払いと言ったのに、一括払いになっていた」「ボーナス払いになっていなかった」などの支払い方法の承りミスがあります。その場での確認が不十分だと、引き落としになって初めて気づくことになり、非常に揉めます。

　スタッフが会計ミスをしたので、もう一度カードを借りたいと言うと、「なんでそちらのミスなのに、何度もカードを出さないといけないのか」とお客様が激怒したケースがありました。カードは悪用が可能なため、敏感なお客様が多いことを覚えておきましょう。

　現金の授受の仕方もクレームになります。小銭を手渡しにすることを嫌う方もいれば、その逆できちんと両手で渡すべき、と怒る方もいます。お札がよれていたりしてもクレームになります。会計時も気を抜かず、お客様に気分良くお帰りいただけるようにしましょう。

## 22 お客様同士のトラブルには公平な仲裁を

**店は関係ないからと見て見ぬ振りはダメ**

### 騒ぐ客、それに怒る客…それもクレームに

　お客様同士が揉めていると、その周りのお客様からのクレームにつながります。激しい口論になると、他のお客様は食事や買い物を楽しむことができなくなってしまいます。

　半個室になっている居酒屋で、「隣りの学生のコンパがうるさいので注意して」とサラリーマンのお客様がスタッフに頼んでいました。注意すると静かになるのですが、すぐにまた騒がしくなり、挙げ句ご自身で伝えにいかれ、学生たちと激しい口論になってしまいました。それを聞いた周りの席のお客様が、「気分が悪い。喧嘩を肴には飲めない」と腹を立ててクレームになったケースがあります。

### 売り場を走るお子様はとても危険！

　大型商業施設などでは、お子様が大声を出しながら走り回って、居合わせたお客様が注意をすると、その母親が「ほら、あの人に怒られるから静かにしなさい」と言ってトラブルになったり、「他のお客様ににらまれた」と店側がとばっちりを受けたりするケースがあります。大騒ぎをするお子様がいたら、店側が注意を向け、「お子様がけがをするといけませんので」とやわらかくお伝えしましょう。

### 「それ私が先に取ったの！」の堂々巡り…

　セール品などの数量限定品を取り合ったり、試着のために取り置きしておいた商品を持っていかれてしまったりなどがきっかけのクレームも多いです。双方の状況を聞いて、仲裁するようにしましょう。

## 23

# 電話でのクレームはヒートアップしがち

**対面以上に言葉を選んで受け答えする**

### ■ 声だけのやりとりで誤解も生じやすい

　クレーム応対の中でもとくに難しいのは、電話での応対です。お互いの表情が見えないうえに、声だけが頼りのコミュニケーションなので聞き間違いも多くなります。それゆえに誤解が生じたり、長時間化しやすいです。30分くらいで済むものから、2時間以上話される場合もあります。何度も何度も同じ人から電話がかかってくるケースもあります。

　あまりに応対に埒が空かないときは、きっぱりとお断りをするか、ご自宅へ応対に向かうなどの切り換えが必要になります。

### ■ 電話応対のポイント

　とくにお怒りのお客様の場合は、電話越しだと言っていることを聞き取れない場合があります。許可を取って録音をしたり、復唱しながらのメモが必須です。あいづちや敬語などは対面での応対以上に気を遣いましょう。こまめにあいづちを打たないと、「話を聞いていない、いいかげんな応対」と思われます。また、電話は早口になりがちなので、ゆっくり話すことを意識をしましょう。

　折り返しかける場合は、お電話番号とお名前をしっかりと復唱しながら確認しましょう。その際に、ご都合が良い時間を聞いておくと、行き違いを防ぐことができます。かけ直すときには事前に話す内容をまとめておいて、それを見ながら話すことをオススメします。電話口だと相手のペースに流されがちです。話す内容が飛んでしまうことがありますので、準備しておきましょう。

## 電話でのクレーム応対の基本用語

- 恐れ入りますがお名前とご連絡先を伺えますか？
- 復唱いたします。
- 何時頃おかけ直しいたしましょうか。
- ご都合の良い時間をお伺いできますか。
- ただ今責任者と代わります。少々お待ちくださいませ。
- ただ今担当の者が外出をしております。戻り次第ご連絡いたします。
- 私（　　）がご伝言を承ります。（　　）が戻り次第、（　　）様より お電話があったことを申し伝えます。
- お待たせいたしました。お電話代わりました。
  私、担当の（　　）と申します。
- 私、（　　）と申します。責任をもって担当させていただきます。
- 早急に改善するように担当者に申し伝えます。
  貴重なご意見ありがとうございます。
- お電話が遠いようですが…。恐れ入りますが、
  もう一度お願いできますでしょうか。

状況に合わせて臨機応変に 使い分けよう！

## 24 メールでのクレームには迅速な返信が第一

一報で済まない場合は「改めてお電話で」と添える

### メールのチェック漏れに注意

　メールでクレーム応対をする機会が最近増えています。メールは相手の手元に残るものなので、細心の注意を払いましょう。お客様のお名前を間違えないのはもちろん、誤字・脱字や文章表現なども徹底的に確かめてから送信するようにしましょう。

　メールだとチェック漏れしてしまったり、後回しにしてしまうケースが多くなりがちです。連絡までに何日間もかけてしまうと、それだけで「不誠実な店」と思われますので、迅速な応対を心がけましょう。

　メールでの敬語の表現を覚えておく必要があります。自分の会社や店のことは「弊社」「当店」と表し、相手が会社の場合は「貴社」それ以外は「お客様」または「（名前）様」と書きましょう。

　また、文章でのやりとりなので真意が伝わらない可能性もあります。曖昧な表現をしてしまうと、そこからクレームが拡大する可能性もありますので、気をつけましょう。

### 「お詫びして終わり」と考えない

　クレームの内容によっては、返信してお詫びをするだけでは足りない場合もあります。そのときは返信文に、「詳しくご事情を伺わせていただきたいと存じます。ご都合がつくお時間にお電話を差し上げてもよろしいでしょうか」などと加えて、より詳しくお話を伺いましょう。メールとはいえ「返信すれば良し」とするのではなく、解決まで気を抜かずに応対することが求められます。

# お詫びメールの書き方

**まずは挨拶とお礼から**

**クレームの内容を謝罪する**

---

宛先：林はなこ様
件名：製品不良のお詫び

林はなこ様
ご連絡をいただきまして、誠にありがとうございます。
一番株式会社の増田と申します。このたびは当店をご利用いただきましたこと、心より御礼申し上げます。

8月10日に林様にお買い上げいただいた、○○が不良品とのこと、心よりお詫び申し上げます。誠に申し訳ありませんでした。
当店の検品ミスでこのような商品が店頭に並んでしまいまして、林様には大変ご迷惑をおかけいたしました。

早速、店頭の全従業員に検品の研修を行い、ダブルチェックをする体制を整えました。今後このようなことが起きないよう、検品には厳重に注意してまいりますので、何卒変わらぬご愛顧を賜りますよう、お願い申し上げます。

メールにて大変恐縮でございますが、取り急ぎ、上記ご報告申し上げます。


一番株式会社
増田一郎
東京都豊島区東池袋○-○-○
03-1234-5678

---

**原因を伝える**

**連絡先の署名を忘れずに入れる**

**今後の改善案**

**誤送信や誤変換は意外と多い。
細心の注意を払おう！**

PART 2　またお店に来ようと思われる「ていねいなクレーム応対」

## 25 「店長が出る」のは どこからか決めておく

「金銭を渡すかどうか」が一つの基準

### 安易に「できます」と言わないようにする

これまでのところで、お客様の話を聞いたうえで誰が応対するかを判断する」とご説明してきましたが、それには判断基準を事前に共有しておくことが重要です。電話応対などで安易に「返金します」と言ってしまい、実際に来店していただくと、返金ができないケースだった、ということなどがよくあります。

### 自分ができること、できないことを明確に

権限を設ける基準は店の規模や形態によって大きく違いがあると思いますので、一例として参考にしてください。

あるホームセンターでは、「金銭を渡すかどうか」が上司の判断が必要かどうかを決める材料にしているそうです。不良品や未使用品の交換であれば各自スタッフの判断で応対し、返金を求めるお客様には上司や店長が立ち会って返金します。

また、「○○ということがあったから、今後気をつけてほしい」といった趣旨の「指摘型クレーム」をおっしゃるお客様には、基本的には自分でお話を伺います。「ご指導ありがとうございます。必ず上司に報告しまして、今後のサービス向上のために役立てさせていただきます」とお伝えしましょう。

このような「見返り」を求めないお客様には、自分でしっかりと話を聞いた後に上司に報告し、慰謝料を請求されるような場合にはすぐに応対を引き継ぐ、といった基準を設けているお店もあります。

## ある生活雑貨店の商品クレーム応対基準例

### 応対の権限

**一般スタッフレベル**
- レシートをお持ちで購入後30日以内の未使用品の交換
- 不良品の交換
- 自店に代替商品がない場合の他店取り寄せ
- 配送が未着・誤着の照会

**店長レベル**
- 購入後30日を超える未使用品の交換
- 返金
- 自店にない場合のメーカー取り寄せ

**営業本部レベル**
- 交通費の請求
- 不良品の修理代負担

### 対応基準

**返品・交換・返金**
お買い上げ30日以内、未使用、レシートあり
不良品の場合、同一商品あるいは別の商品と交換
差額が発生する場合は計算して対応。希望により返品・交換を行う

**商品のほつれなどの修理**
不良品で現品しかない場合、
本社から許可が出れば修理代当社負担で修理

**他の支店で購入した商品**
基本的には自店で販売した商品しか返品不可

応対基準は店によって違う。
あらかじめ覚えておこう！

## 26 状況が悪化したら一人で戦わず SOS を

**明らかな営業妨害や応対が長時間化したとき**

### まずは自分で頑張ってみる

お客様からクレームを言われたときに、剣幕に押されるままにすぐに店長や上司に委ねてしまっていませんか？ お客様のお話をよく聞いてみると、不良品の交換などで済むということがよくあります。

繰り返し述べている通り、まずは落ち着いてお話を聞きましょう。そして、お客様が何にお困りで、何を望んでいるのかをお聞きしたうえで、自分で最後まで応対するのか、担当者や店長に引き継ぐのか、の判断をするようにしましょう。

### 上司が出て行くタイミングを共有しておく

とはいえ、ときには自分で応対できると判断した場合でも、上司や店長の助けが必要な場合もあります。

ある食品店の店先で、「この店の商品を全部食べたけれど、まずくてとても食べられたものじゃない」と大声で騒いでいるお客様がいました。このような営業妨害とも取れる行為をしてくるお客様がいたら、店長や上司が応対しに駆けつけましょう。

店内で誰かがクレームの応対中はスタッフ同士で目を配って、必要に応じて店長や上司に応援を頼みに行くようにします。

上司とはいえ、上記のような「クレーマー」のお客様との話がこじれているときに割って入るのは、とてもきついことだと思いますが、ここで店長や上司が黙っていたり言いなりになってしまっては、応対をしていたスタッフはもちろん、他のスタッフの今後のモチベーションにも響きます。毅然とした態度で挑むようにしましょう。

## 一人で戦おうとしない

- 暴言や土下座の強要など、人格否定をされているとき
- 明らかな営業妨害をされているとき
- スタッフの教育についてお怒りのとき
- 詐欺が疑われるとき
- 応対が長時間化しているとき

### こんなときは上司や店長に応援を頼もう

誰かが応対しているときはスタッフ同士で目を配ろう！

PART2 またお店に来ようと思われる「ていねいなクレーム応対」

## 27 応対が済んだら終わり、ではない

### 「クレーム報告書」でスタッフ全員に回覧する

**紙面に残して上司や本部に報告**

　一つのクレーム応対が終わったら、必ず報告書に残して、上司への報告や、会社の規模によっては本部や本社にも連絡をしましょう。クレームは最優先事項なのでメールではなく、その日のうちに電話で報告を行い、後日文書で報告します。また商業施設に入っているテナントの場合は、ディベロッパーの事務所に行って口頭で報告します。

**同様のクレームを起こさないように予防する**

　上司への報告だけでなく、売り場のスタッフがどのようなクレームがあったかを回覧できるような簡単な報告書にしてまとめるのも、同様のクレームを起こさないようにするために重要です。

　医療業界などではヒヤリ・ハットの事例を報告書にまとめる、といった活動があります。実際に大きな事故にはならなかったものの、その可能性があったことを報告するものです。これにならって、大きなクレームに発展せずに、お客様からひと言注意を受けただけの場合でも報告書にまとめて回覧することをオススメします。

　クレーム応対の記録を注意深く読み返すと、共通点があることに気づくと思います。商品の取り置き、修理などスタッフが複数名かかわるところにクレームが発生したり、季節ごとに見ると、6月は新任スタッフがクレームを言われることが多かったり…と見えてきます。

　こうしたデータを使って、研修や朝礼などでクレーム予防のためにトレーニングを行うと、クレームの発生を最小限に食い止めることができます。

## 🌀 スタッフ全員で共有できるようにしよう！

### クレーム報告書

● 日時
20××年 9月 13日 16時頃

● 場所
レジ

● 内容
お会計時に、お客様は1万円を出したと主張、
スタッフは5千円と認識、クレームに。

● 応対
レジ内の現金を精算→差異が判明、お客様に謝罪、返金。

● 原因と対策
会計が完了する前に預かり金をレジにしまったのが原因。
→今後徹底

昨日こんなことがあったよ

スタッフ同士のホウレンソウが大事！

## コラム2

### COLUMN
# 高級ホテルのフレンチでがっかりだった応対

**「具合が悪くなったのはお客様だけでした」**

　あるホテルで、フランス料理のランチを母親の誕生日にと利用した女性のお客様がいらっしゃいました。前菜の海の幸ゼリーが生臭いと母親が残したので、店のスタッフを呼ぼうとしたのですが、近くにいたマネージャーは近づいて来ません。仕方なく皿を下げに来たスタッフに言うと「申し訳ございません」と言っただけで、すぐに裏に下がってしまいました。会計時にもレジ担当のスタッフが「申し訳ございません」とお詫びしましたが、とうとう最後までマネージャーは出てきませんでした。

　帰宅してほどなく母親は体調不良を訴え、病院に行くことに。店にその旨を電話すると、「菓子折りを持ってお詫びに」と慌てて言い出しました。しかし、お客様はとくに補償を求めていたわけではなかったので、「店での応対も悪かったのに今さらそんなことしなくてもいいです。今後気をつけてほしい」と伝えて電話を切ったそうです。

　このときに、店での不手際も含めて丁重にお詫びを伝えれば良かったのにもかかわらず、なんとその店は翌日にわざわざ電話で、「同じものを召し上がった方全員に電話で確認しましたが、具合が悪くなったのはお客様だけでした」と言ってきました。お客様はあきれてものが言えなかったそうです。

　その店は雑誌などにも取り上げられる有名店でした。おもてなしには定評があるはずのホテルの高級レストランで、このようなずさんな応対をしているのですから驚きです。有名店ゆえに世間体を気にして自己弁護的な応対になったのかもしれません。しかし、クレームをもみ消そうとする姿勢をしていると、お客様は離れていきます。

## PART 3

# どんなケースもスムーズに解決!
# 「難しいクレーム応対」

理不尽なクレーム、過激なクレーム。難しいクレームに直面したらどうすれば?
誠心誠意お詫びする場面、毅然とした態度で立ち向かう場面…
ケースに合わせて応用できる応対テクニックを紹介します。

28 ➡ ➡ ➡ 35

## 28 明らかにこちらに落ち度がある場合

**厳しい叱責は受けとめ、誠心誠意謝るしかない**

### 絶対にやってはいけない失敗…

　接客業はときとして、お客様の人生の大切なイベントに立ち会うことがあります。あるケーキ店で、ウエディングパーティー用のケーキの予約を受けましたが、日付を勘違いしていて当日にお届けすることができませんでした。

　予約表には正しい日付が書いてあったものですから、当然激しいクレームとなりました。結婚パーティーという一生に一度の記念日を台無しにしてしまったのですから、その責任は計り知れません。

　人間のやることですから、ミスを完全になくすことはできません。記念日を台無しにしてしまったり、形見の品を壊してしまったり、などの取り返しのつかない失敗を犯す可能性も、残念ながらゼロとは言い切れません。

### 原因や理由を正直に伝える

　上記の例のようなクレームにどのように応対するかですが、失ってしまったものは取り返せませんので、誠心誠意お詫びをする他ありません。相手の目をきちんと見て、しっかりと頭を下げます。下手な言い訳をするのではなく、「私どもの確認ミスで」ときちんと原因を伝えてお詫びしましょう。代替の品をお持ちしたり、お詫びのサービスを提案する必要もあります。

　厳しい叱責はきちんと受けとめましょう。こういった事態に陥ったときに、どのようにお詫びをするかで、お店のその後の評判が大きく左右されます。

# お客様の勘違いだった場合

**絶対に恥をかかせないような言い方で**

### 間違いを指摘されるとカッとなってしまうもの

　ある食品店で、年配の女性客から今日買った惣菜にタレがついていなかったとのクレームがありました。詳しく話を聞いたところ、別の店で購入したものとわかりました。応対していた店長は途中で気がついたそうですが、一切反論せず、一つひとつ確認をして、最後に静かに「あいにくですが、当店の取り扱い商品ではないようでございます。こちらの商品をお買い上げのお店に心当たりはありますか？」とていねいに伝えて納得いただけました。

　お客様の勘違いを不用意に指摘してしまうと、その発言に対するクレームに発展してしまったり、お客様が再び来店することを気まずく思うようになってしまいます。

### 「説明不足で申し訳ありませんでした」と伝える

　ある婦人服店では、商品を洗濯機で洗って縮んだと商品をお持ちになった30代の女性客がいらっしゃいました。スタッフが「お買い上げのときにご自宅ではお洗濯できませんとご説明したはずですが…」と伝えると、お客様は「そんな説明はなかった。説明があれば買わなかった」の一点張りです。

　このような説明を受けたか否かの争いは、平行線をたどるばかりになってしまいます。こういったケースのときは「説明不足で大変失礼いたしました」と一度謝罪するようにしましょう。その後で、「実はこのようになっております」とわかりやすく説明をするとご理解いただける場合が多いです。

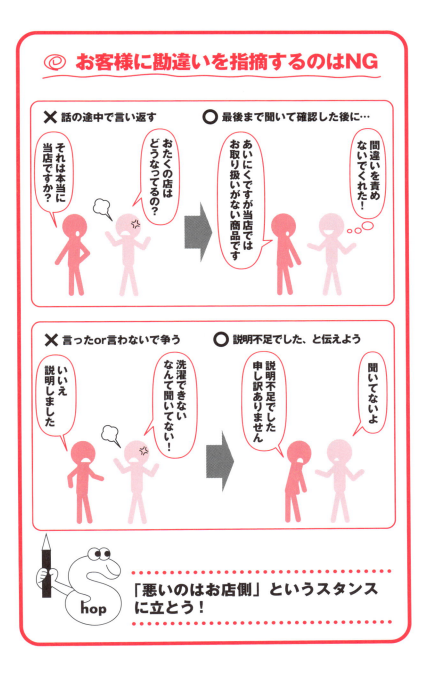

## 30 理不尽なクレームを言われたら…

「それは応じかねます」と毅然とした態度が必要

### 「客は厚遇されて当たり前」の論理

　クレームの中には、あきらかに店側に非がないものや言いがかりに近いものがあります。この種のクレームのタチが悪いところは、詐欺目的とは異なるため、「なぜ自分の主張が受け入れられないかがわからない」「悪いのは店側」「お客様は神様だから厚遇されて当たり前」などといった半ば独りよがりの信念を持っているところです。

### 一度要求を飲んでしまったら癖になる

　レンタカー店での出来事です。予約していると主張するお客様ですが、リストに名前はありません。よくよく確認すると、名前の似ているまったく別の店舗と勘違いされている様子。お客様は挙げ句に、本来予約されているお店のキャンセル料を請求してきます。「自分は間違えていない」「名前が似ているのが悪い」「悪いのはそっちだからキャンセル料を払って」と、長時間にわたって騒ぎ続けました。

　このお客様の応対をしたスタッフは一貫して毅然とした態度を崩さず、「あんたじゃ話にならないから店長を出せ」と言われても「この件について店長は応対いたしません。私が承ります。当店はキャンセル料は絶対にお支払いしません」と言い、一歩も譲りませんでした。

　この手の理不尽なクレームには絶対に譲ってはいけません。お客様の要求がエスカレートするばかりでなく、一度前例を作ってしまうと、同様のクレームを受けたときに、スタッフが面倒を回避するために「少しくらいなら…」となりがちです。店の損害になるような応対は避ける必要があります。

## 31 やっぱりこわい！身の危険を感じたら…

**万が一のときは法律が味方してくれる**

### 怒ったお客様からの暴言・暴行…

　もとはささいなクレームでも、応対に納得がいかなかったり、スタッフの言動が気に入らなかったりすると、お客様の怒りが膨れ上がる場合があります。とくに飲食店で、飲酒をされたお客様のクレームは過激になるケースが多いです。

　お客様が激昂した結果、本来のクレームについての話し合いから、暴言や暴行に発展してしまう場合があります。そのときは警察を呼ぶことを考えましょう。

　「組関係の知り合いがいる。若い奴らを大勢連れてくる」「殺されたいのか」などといった発言は恐喝罪にあたります。また、スタッフを殴る、蹴る、たたくなどの行為はもちろん暴行罪にあたりますし、お店のものを壊したり傷つける行為も、損壊罪になります。

### 「警察を呼びます」と言ってしまっていい

　可能であれば自分でお客様に対して、「そのような発言や暴力をされるのであれば警察を呼びます」と伝えましょう。このように言うことで、お客様への牽制にもなります。無理なようであれば、他のスタッフや上司が助けを出せるようにしましょう。

　どのようなクレームであっても、仮にお店側が完全に悪い場合でも、それが暴力や暴言を許容する理由にはなりません。泣き寝入りしては、やられ損になってしまいます。ハードクレームの矢面に立たされるときが、接客業のもっともつらい場面だと思います。身の危険にさらされたら、法律が守ってくれていることを忘れないでください。

## こんなときは警察に通報しよう

### ① 脅される

「殺す」「組関係の知り合いを連れて来る」など、明らかに通常のクレームではないことを言われた場合

### ② 物を投げつける、壊す

物を店員に向かって投げたり商品を壊されたりした場合

### ③ 暴力を振るわれる

殴る、蹴るはもちろんたたいたり押したりする行為をされた場合

### ④ 人権侵害が著しいとき

クレームとまったく関係ない容姿のことや、人間性を否定することを言われた場合

**どんなクレームでも暴力や脅しをしていい理由にはならない！**

PART 3　どんなケースもスムーズに解決！「難しいクレーム応対」　089

# 32 ハードクレームにはこう返す 1

「土下座しろ」「クビにしろ」…さらに謝らせたい

### 「土下座して詫びろ！」

　クレームから発展して店のスタッフに土下座を強要し、その写真や映像をネット上にアップして、世間を騒がせたことがありました。

　土下座をしろと言われたら、毅然とした態度で、「土下座はいたしません。それ以上要求なさいますと、警備員（警察）を呼びます」と伝えます。なお、土下座を強要した場合は、強要罪に該当し、罰せられます。スタッフ同士で、警察への通報の手順を打ち合わせておくと、落ち着いて応対できます。

### 「アイツをクビにしろ！」

　スタッフを名指しでクビにしろ、と言われたときには「誠に申し訳ございません。私どもの指導不足でございます。厳重に注意いたしまして、今後はこのようなことがないように従業員の教育を徹底いたします。なにとぞご容赦いただけませんでしょうか」と上司や店長が丁重に応対しましょう。それでも強硬に言われたら「従業員の処遇は私どもにお任せください」とはっきりと伝えます。

### 「責任者を出せ！」

　「店長を出せ」と言われたら「私は〇〇と申します。本日の責任者でございます」と堂々と名乗ります。それでもと言うのでしたら、「本日は店長が不在で私が責任者です。私でお話しいただけないのであれば、応対いたしかねます」と、おどおどせずに交渉しましょう（もしくは、「明日以降の応対になります」とお伝えしましょう）。

## 33 ハードクレームには こう返す 2

「ネットに流す」「誠意を見せろ」…見返りを期待

### 「ネットに流してやる！」

「お客様がネットに流すとおっしゃいましても、私どもはなんとも申し上げようがございません」と答えましょう。言論の自由が認められていますので、要するに「ご自由になさってください」とほのめかします。ただし、「書き込み内容が不当な場合は弁護士に相談いたします」と法的措置（削除請求など）をする場合があると伝えてもいいでしょう。

### 「保健所・消費者センターに言うぞ」

保健所などに伝える、と言われることもあります。その場合は「保健所には当店も報告義務がございます。私どもも保健所と連携して営業していきたいと考えておりますので、当店に連絡が入りましたら真摯に応対いたします」と落ち着いて説明しましょう。

### 「誠意を見せろ！」

謝罪中に「じゃあ誠意を見せろよ」と言われたときは「誠に申し訳ございませんでした。誠心誠意、お詫びを申し上げる他にございません」ともう一度頭を下げましょう。悪質なクレーマーは、誠意＝お金・慰謝料を指している場合が多いです。商品代金、または健康被害に対する医療費と通院の交通費など、妥当な金額以上の請求をされた場合は注意です。また、「誠意があるなら100万円だせ」などの具体的な要求は、恐喝罪になりますので警察に相談しましょう。

## 34 お詫び状を要求されても身構える必要はない

形式的なもの。手紙の基本をおさえよう

### 迷惑をかけたことをお詫びするものに過ぎない

　解決したように思われたクレームでも、お詫び状を要求されることがあります。とくに50代以上の方に多い傾向にあります。と言っても、言質を取ることが目的ではなく、形式的に要求されていることがほとんどです。書式に従って作成し、上司や関係各部署に確認してもらってから郵送しましょう。

　お詫び状を出したからと言って、補償や慰謝料等の支払いにすべて応じたことにはなりません。お詫び状の目的はあくまで、「ご迷惑をかけたことに対しての謝罪と、今後の改善努力を約束すること」です。あちこちの店からお詫び状を受けとったことをまるで勲章のように誇っている方もいると聞きます。文書として残るからといって、必要以上に構える必要はありません。テンプレートを用意しておくといいでしょう。

### 挨拶の表現を覚えておこう

　注意することは、通常の手紙と同じように、誤字脱字や相手のお名前・住所、郵便料金などを間違わない、といったところが基本になります。

　また、手書きでもパソコンで作ったものでもどちらでもかまいません。場合によって役職者や店長のサインが必要なときは、その部分は手書きでサインをもらうようにしましょう。

　間違えやすいのは手紙特有の文です。時候の挨拶や結びの言葉を間違わないようにしましょう。

## ◎ 手紙特有の文章を覚えよう

**フルネームで漢字ミスのないように**

**まずは挨拶から**

---

平成○年8月5日

一番株式会社
販売戦略部 中村次郎
03-1234-5678

田中 ゆうこ様

　　　　　　　　　　お詫び

拝啓　時下、ますますご清栄のことと存じます。平素は格別のご高配を賜りまして、厚く御礼申し上げます。
このたびは田中様に対して弊社社員が大変失礼な応対をいたしましたことを、深くお詫び申し上げます。田中様がご不快に感じられたことを、大変心苦しく受けとめております。
ご指摘いただきました社員の接客について、厳しく注意、指導いたしました。また、これを機会に社員全員の接客を見直すよう、外部講師による研修を行うことといたしました。
このたびはご指導賜りまして、心より感謝申し上げます。
今後はこのようなことが二度と起こらないよう、すべてのお客様に満足いただけるサービスを目指し、社員一同さらに研鑽を重ねて行く所存でございます。田中様には何卒今後も変わらぬご愛顧をいただけましたら、大変幸いでございます。
まずは書中をもちまして、お詫び申し上げます。

　　　　　　　　　　　　　　　　　　　　　　　　　敬具

---

**クレームの内容を謝罪する**

**対策や改善策を書く**

**拝啓－敬具のセットを覚えておこう**

**誤字脱字がないように送付前に入念にチェック！**

PART3　どんなケースもスムーズに解決！「難しいクレーム応対」

## 35 お客様のご自宅に謝罪に伺うことになったら

**スーツ着用に手土産持参で**

### 必ず複数名で行くこと

とくに百貨店に多いのですが、ご自宅まで謝罪に伺うこともあります。原則として、必ず複数名で行くようにしましょう。お客様がひどくお怒りの場合、なかなか帰してくれなかったり、暴力沙汰になるケースもあります。

### マナーの徹底でクレームの拡大を防ぐ

服装は男女共にスーツが基本です。男性はネクタイも締めましょう。不良品の交換の場合は、よく検品した新しい商品を持って、返金の場合は新札を封筒に入れて、伺いましょう。手土産を持参するときは、3000円〜5000円くらいの、日持ちのするもの（クッキーなど）をお持ちしましょう。お客様のご自宅の近くで買うのはNGです。掛け紙はのしのついていない水引か紅白5本蝶結びのものに、表書きには「お詫び」か「深謝」と会社名を入れます。

菓子折りを渡すのは、謝罪を終えて家を出る前です。このとき、受け取ってもらえなかった場合は、持ち帰りましょう。

また、最近では地図アプリなども便利になりましたが、住所を間違えたり、迷った末に約束の時間に間に合わないということのないようにしましょう。また、実際にお客様とお話しするときに、誰が話を進めていくのか、などの確認を事前にしておきましょう。

伺う前に滞在時間の目安を決めておくといいと思います。長時間話をして、何も進展しなかったということもよくあります。一定時間、話が進まないようでしたら切り上げましょう。

## 自宅に伺う前にチェックしておこう

### ☑ スーツ着用

### ☑ 手土産や返金チェック

お札は新札を

日持ちのするもの
3000〜5000円相当

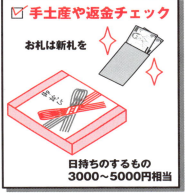

### ☑ 住所チェック

### ☑ 会話シミュレーション

- ● クレームの内容確認
- ● お客様へのお詫び
- ● 今後の改善案
- ● 誰がメインで話すか

これ以上クレームを激化させないように丁重に謝罪する

**コラム3**

# COLUMN
# 驚くような
# 言いがかりに目が点!

### 「気に入らないから返品したい」

　私が在籍していた当時の百貨店にも、理不尽な要求をしてくるお客様がいらっしゃいました。そのいくつかをご紹介いたします。

　ハンドバックの売り場で、「私が買った後にセールで値下げするなんて不公平だから、返品したい」と明らかに使い込んだバッグを持ってきたお客様がいました。スタッフが断ると「前はやってもらえた」「責任者を呼んで」と大騒ぎになりました。

　別のショップでは「プレゼントしたけど気に入ってもらえなかった」と返品に来たお客様がいました。開封後で、しかもセール品だったのでお断りしたところ、激怒して「いらないものはいらないのよ!」とその場で1時間以上騒ぎ続けました。

### 「1週間前の花が枯れたから返金して」

　その他にも、「釣銭の渡し方が気に入らなかった。もうここでは買い物したくないから返品したい」「1週間前に買った花が枯れたから返金しろ」「(数日前に終わった抽選会に)今から参加させろ」といった、思わず常識を疑わずにはいられないような内容のクレームがたくさん寄せられてきました。本当に自分の主張が受け入れられると思っているのだとしたら、おそろしい考え方です。

　理不尽なクレームを言うお客様に、怒鳴られたり暴言を言われるのは、非常に耐えがたいものがあると思います。けれども、早く帰ってもらおうと、相手の要求を受け入れてしまうのは絶対にやめましょう。まともに取り合っていたのではキリがないので、できないことはできない、ときっぱりと伝えるようにしましょう。

## PART 4

# お店ごとの実例満載!
# 「業種別クレーム応対」

お店によって寄せられるクレームは様々。
頻出クレームをおさえておけば応対もスムーズに。
実際に寄せられた業種ごとのクレームの内容を紹介します。

36 ➔ ➔ ➔ 48

# 36 アパレル店で多い クレーム 1

**不良品？それとも扱い方の問題？**

### ■「洗濯したら縮んだ」などの使用後の不具合

　アパレル店は扱う商品の素材が非常に多岐にわたるため、商品特性のクレームが多い傾向にあります。各素材の特性やメンテナンス方法などをよく確認して、お客様に的確な情報を伝えることが必要です。

　あるお店で10代の女性のお客様から、「なんとかならないでしょうか」と非常に困った様子でクレームが入りました。買った服を洗濯したところ、なんと子どもサイズまで縮んでしまったとのこと。洗濯機では洗えないタイプのものだったとはいえ、そこまで縮んでしまうのは前例になく、商品試験室に送り、原因解明や再発防止のためのモデルとなりました。そのお客様には特別に新しいものと交換して、メンテナンス方法もお伝えすることで納得いただけました。

　別の20代女性向けの店舗では、お客様が白のワンピースにネイビーのジャケットを羽織って旅行に行ったところに雨が降り、ジャケットの色がワンピースに移ったとクレームになりました。

　ジャケットはセール商品でしたが、ワンピースがインポート商品の一点もので、応対に苦労をしたとのことでした（結局同等の金額の商品券で弁償しました）。

　商品特性に関するクレームは、まず有料でメンテナンスできるか、クリーニング店で扱えるかを確認します。染料に問題がある場合は、本社やメーカーの商品試験室などに電話で確認したり、商品の交換や返金などの応対をします。「どんな使い方をしたのですか」とお客様を問い詰めないことが大切です。

## 37 アパレル店に多いクレーム2

**裾直しの寸法間違いなどの確認ミス**

### 応対が悪く二次クレームに発展したもの

あるアパレル店では「通勤途中でコートのボタンが落ちて困った」というお客様のクレームを電話で受けました。このときにスタッフが「金ボタンは落ちやすいんです」と失言して、「不良品を売ったお店が悪い」と言われ、お詫びして返金をすることになってしまいました。この場合は最初に丁重にお詫びすれば、修理で済んだかもしれません。

### 複数のスタッフでの確認を徹底

ミセス客が多いあるショップで、直しのミスで「2センチ」のスカート丈詰めを「20センチ」詰めてしまいました。「普通に考えればわかるでしょう!」とお客様にあきれられてしまいました。

百貨店内のあるカジュアルショップでは、お買い上げのお客様から翌日洋服に口紅がついていたとクレームがありました。「前のお客様が試着した後、スタッフが確認をしなかったようです」と店長がお詫びをしましたが、結局「気持ち悪いからもういらない」とキャンセルになってしまいました。

上記の例の他にも、黒と濃紺を間違えて渡したり、Lサイズのお客様にMサイズを渡した、靴のサイズが左右違っていた、といったミスもよくあります。

いずれのミスもしっかりと確認すれば防げるものです。複数のスタッフで確認したり、お客様と一緒に目の前で確認するなど、しっかりと対策を講じましょう。

## 38 日用品店などに多いクレーム

**品出し、陳列…。基本的なところにクレームの種がある**

### ■ セールだからわざわざ買いにきたのに在庫切れ

　ホームセンターやドラッグストアなどは、チラシの特売品を目当てにやって来るお客様がたくさんいます。目玉商品が早い時間に品切れになっていると、「そのためにわざわざ来たのに」とお客様からクレームになる場合がよくあります。「限定○個」などの表示をチラシに入れるなど、予防策を打つ必要があります。

　特売品以外でも、商品棚に空きが目立つとクレームになるケースがあります。とくに閉店時間が近くなり、ガラガラの棚があるとクレームが増える傾向にあります。完全に在庫がない商品の棚には次の入荷予定日を表示するなどして、対策をとりましょう。

### ■ 値段表示のミスは売り損じにつながる

　POPや値札をつけ間違えたり、とり忘れたりしてクレームになるケースも非常によく見受けられます。セール品のPOPの下に別の商品が紛れ込んでいることもあります。商品の値段を誤って表示していた場合、「○○円だから買おうと思ったのよ。そっちが間違ったんだからこの値段で売りなさい」と言うお客様もいます。それはできませんとお伝えすると、ほとんどのお客様は「じゃあいらない」となってしまいます。一度安さに惹かれてしまうと、なかなかそれ以上の値段で買おうという気持ちにはなりません。

　上記のようなことが続くと、お客様から安心してお買い物できないお店、と見られてしまいます。もったいないミスで顧客を失うことになりかねません。

## 39 雑貨店などで多いクレーム

### プレゼントでの購入時にミスがあると大変なことに

**割れていた、値札がかかったままだった…**

インテリア用品やファッション小物などを扱う雑貨店では、プレゼント用に購入する方が多くいます。プレゼント用の品に問題があると、クレームは激化しやすく、贈った側と贈られた側の両方へのフォローが必要になります。

あるインテリア雑貨の店で、イタリア製の置物を知人の新築祝いに贈ったお客様から「商品が割れている、縁起が悪いから取り換えて」とクレームの電話が入りました。電話を受けたスタッフが「そんなはずはない、きちんと梱包したはずだ」と言い張ったためにお客様はさらに激怒されました。結局、責任者が贈られた方と贈ったお客様の両方のご自宅までお詫びに行き、商品を交換しました。

別のある生活雑貨店では、母の日の翌日にクレームの電話が入りました。母の日に渡した品物に値札がついたままだったようで、「自分も恥ずかしかったし、母も気まずい思いをしている」と激しいクレームになりました。このケースは双方にお詫び状を送ってなんとか納得いただく形になりました。

プレゼントの品が不良品の場合、お祝いの雰囲気が台無しになってしまいます。商品を交換すれば済む、という問題ではありません。値札がついていた場合は、金額にかかわらず贈った側も贈られた側も気まずい思いをします。場合によっては一生ものの記念日をつぶしてしまうことにもなりかねません。

梱包の際に他のスタッフやお客様と確認するなど、防ぐことができるミスなので、しっかりと気を抜かないようにしましょう。

## 40 食品専門店で多いクレーム

**衛生面に敏感なお客様は多い。細心の注意が必要**

### 商品に素手でさわった、食後に体調を崩した…

　パン屋や惣菜店などで一番気をつけたいのは衛生面です。品物をお客様が直接とってレジまで持っていく店では、お子様がさわってしまったりする場合があります。また、調理場がお客様から見える位置にある店では、マスクや手袋をせずに調理している姿がクレームにつながるときがあります。レジでの会計時にお金をさわった手で、食品を扱うスタッフも、衛生面に敏感なお客様から見ると非常に不潔に映ります。

　食品店では食後に体調を崩されたとお客様から申し出があることもあります。まずはお客様のご体調を伺い、軽症でも必ず病院に行ってもらいましょう。病院で原因を特定して初めて、治療費をお支払いします。ある惣菜店で焼き鳥を購入したお客様から、食中毒にかかったというクレームがありました。お客様は「原因はこの店以外に考えられない」と治療費の請求を求めましたが、すぐにお金を渡してしまうのはNGです。この店でも、お客様に病院の診断書をお持ちいただいてから、治療費をお渡しするように応対しました。

### 髪の毛や魚の骨などの異物混入も

　もうひとつ多いのが異物混入です。以前、チェーン店での異物混入が問題になりましたが、食品を扱う以上、常にその可能性はつきまといます。とくに髪の毛は非常に多いです。他には、練り物系の加工食品に、魚の小骨が入ってしまう場合もあります。調理場では帽子の着用を徹底するなど、少しでも混入の確率を減らしましょう。

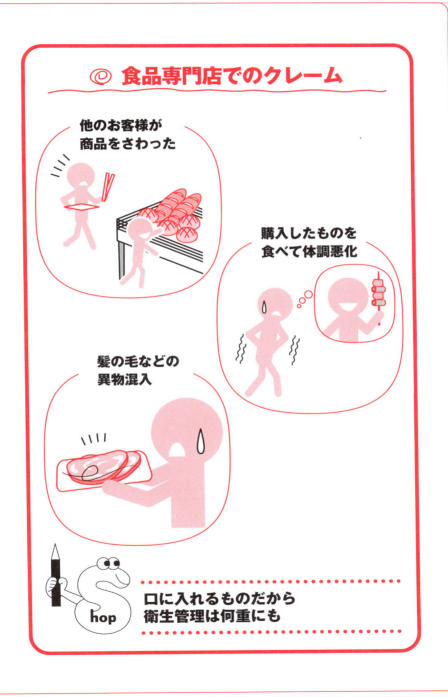

## 41 スーパーマーケットで多いクレーム 1

**レジでは会計ミスや箸などの入れ忘れがクレームに**

### 着実にミスをなくしていくしかない

　夕方など混雑時のスーパーマーケットのレジ付近は、クレーム多発地帯となっています。たくさんのレジを開けていても、毎日長蛇の列ができる店も多いです。自分が並んだ列がなかなか進まないと、「もっと従業員を増やすべきだ」と怒鳴るように言われたり、新人などで、少しでも要領が悪いと、「別の人に代われ」と厳しく言われたりします。

　買い上げ点数を間違えて打ち込んでしまうミスもよく起こります。大量に買われる方がいらっしゃると数え間違いも起こりやすくなります。そのミスを修正しているうちに、並んでいる別のお客様から「いつまで待たせるんだ」とクレームが連鎖的に広がっていきます。

　弁当や総菜、プリンやアイスクリームなどをお買い上げのお客様には、箸やスプーンをつけるのが基本ですが、「お箸はいりません」「スプーンはつけなくていいです」と言われるお客様が続くと、次のお客様が何も言っていないのに箸やスプーンを入れ忘れる場合があります。「出張に行く新幹線の中でお弁当を食べようとしたら、箸がなく食べられなかった」「ヨーグルトを会社でお昼に食べようと思ったら、スプーンがなかった」などのクレームが電話で入ることがあります。

　混雑時のレジでのクレームが恐ろしいのは、ただでさえ目の前のレジ打ち作業に忙殺されているのに、ひとつのミスを契機に（あるいはミスをしていなくても）次々といろいろなことを言われてしまう、という点です。一つひとつ、着実にミスをなくしていきましょう。

# 42 スーパーマーケットで多いクレーム2

**売り場では食品の鮮度や陳列場所など広範囲から**

### 専門知識のあるスタッフが少ないと応対に苦労する

　売り場はレジに比べるとクレームの種が少ないようにも見えますが、スタッフの数が比較的少ないこともあって、クレームは意外とたくさんあります。

　あるスーパーでは、夕方の見切り価格にする時間をいつも責任者が指示しています。お客様が「さっきこれを買ったけど値引きしているなら、これも下げて」と言われ、その場で同じように値引きシールを貼ると、「どうしていつも同じ時間に値下げをしないのか」と値下げのタイミングまでクレームを言われました。値下げを狙ってお買い物に来る方もいますので、この種のクレームは後を絶ちません。

　レジのように決まった場所にスタッフがいるわけではありませんので、お客様は聞きたいことがあると、スタッフを探すところから始まります。なかなか見つからないと、その間に怒りが膨らんでクレームとなるケースが多いです。商品の特徴や調理方法などの質問を抱えているお客様が多く、すぐに答えることができないと、クレームになります。品出し担当のアルバイトの方などはなかなか専門知識を持ち合わせていないことが多く、応対に苦労しているようです。

　また、野菜の産地が「国産」としか書いておらず、担当も答えられなかったケースや、料理酒が調味料のコーナーになく、散々探しまわった挙げ句、酒類コーナーに置いていたお店でもクレームになるケースがありました。

　以上のように商品特性や、陳列の場所など、広範囲にわたるクレームが寄せられるのが売り場の特徴です。

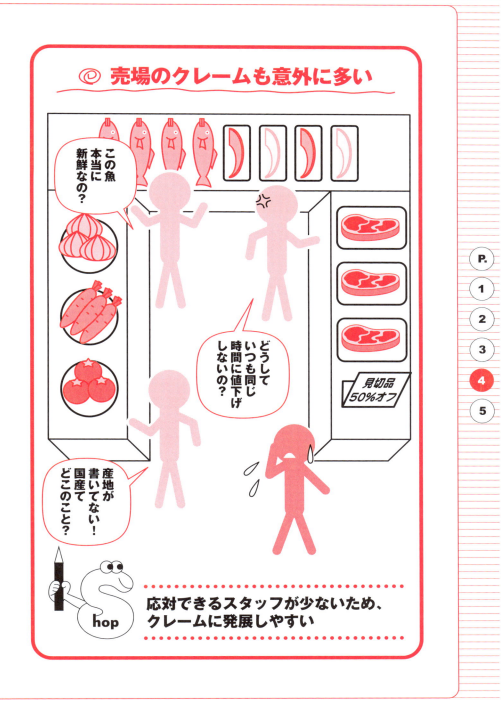

## 43 コンビニエンスストアで多いクレーム

**便利に何でもそろう店。少しでも足りないとクレームに**

### 発売日に雑誌が並んでいない！

あるコンビニで「ポイントカードを出し忘れたので、ポイントをつけてほしい」と後から言ってきたお客様に、後づけはできないと伝えたところ、「他の店ではやってくれたのに、なんでできないんだ」と激しいクレームになったケースがあります。

また、コンビニでは雑誌を目当てに来店される方が非常に多いです。雑誌の付録がついていなかった、発売日なのに店頭に並んでいなくて買えなかった、立ち読みされ過ぎて誌面が汚かった、などのクレームが非常に多く寄せられます。

### お弁当の温めによくクレームが起こる

購入した食品の賞味期限が短かったり、野菜の質が悪かった、というクレームが寄せられることもあります。コンビニは値段がスーパーなどに比べて高めな分、お客様の怒りを買いやすいところがあります。また、あるお店で温めたお弁当を持ち帰ったお客様が再来店して、「この弁当、温めてもらったのに中が冷たい」とクレームを言ってきました。スタッフがお詫びして再度温め直すと申し出ると、激しい剣幕で「休憩時間がこのためにつぶれてしまった。食べている時間がないから返金して」とまで言われてしまったケースもあります。

コンビニは、もはや日常の一部です。コンビニエンス（便利）の名の通り、快適に何でもそろっていて当たり前、と思われています。求められているクオリティが高く、それゆえのクレームが多いのが特徴です。

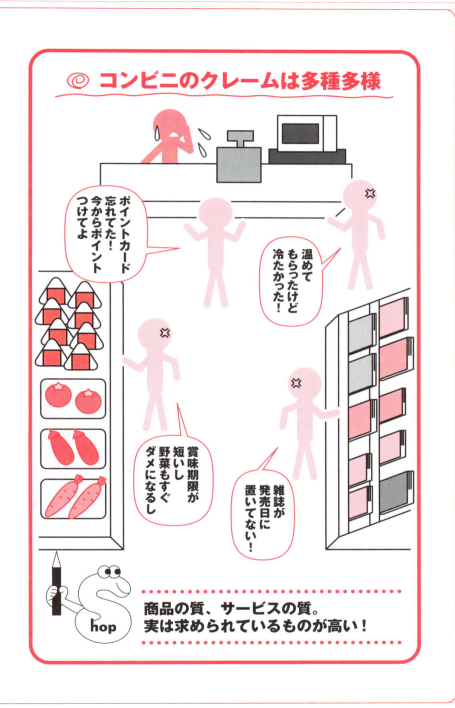

## 44 ネットショップや通販で多いクレーム

**実店舗ではないゆえの行き違いが起こる**

### ■ 思っていた商品と違った、説明書がない…

　オンラインショッピングが便利で身近なものになって久しいです。通販会社などでなくとも、個人の店でも簡単にインターネットでの出店ができるようになりました。身近で、誰もが利用する機会が多いからこそ、クレームも増えています。

　ネットは当然ながら、実際の商品やスタッフの顔を見て購入の判断をすることができません。商品が届いてみたら想像していたものとまったく違ったというクレームや、説明書などの付属品が不足していた、あるいはもとからないことを知らなかった、というクレームが非常に多く寄せられています。

### ■ メールのみのやり取りは信頼関係を築きにくい

　あるネットショップは、支払いにクレジットカードが使えず、支払方法は振込のみでした。定期便を申し込んでいたお客様はある月だけ金額を数十円不足して振り込んでいたことに気づきませんでした。会社はそれを告知せずに突然定期便契約を打ち切る、という応対をしたために、激しいクレームになりました。

　他にも、頼んで振込も済んだのに予告なく商品が届かない、といったケースや、頼んでもいない広告のメールを一方的に大量に送りつけたケースなどが、クレームにつながっています。

　顔の見えないホームページやメールの文章と写真のみの取引だと、誤解が生じやすく、信頼関係を築くのが非常に難しいです。目に見える形で、ていねいな応対を心がけましょう。

## 45 飲食店で多いクレーム

**味の好みは千差万別。すべての要望に応えるのは無理**

### お客様に合わせるか、料理に合わせていただくか

　あるとんかつ店で、男性客が大声で「肉が赤い、食中毒にするつもりか。店長を呼べ」と怒鳴りました。出て来た店長が「これはそういう肉です」と真顔で答えたために、お客様がさらにお怒りになってしまいました。別のある日本料理店では「料理の味が濃い。病気にする気か」とクレームを受けました。

　以上のように、料理の味や好みに関するクレームは多く寄せられます。しかし、味の問題はお客様の出身地や体調によっても違いますし、料理の温度の好みも人それぞれです。万人に好まれるというのは難しいでしょう。「お好みの味をおっしゃってください」とお客様の舌に料理を合わせるのか、「これが当店の料理の売りです」とお客様が料理に合わせるのか、それぞれの店でスタンスは異なると思います。いずれの場合でも、ていねいに説明することが求められます。

### アレルギー表示や分煙の不徹底など

　アレルギーの成分表示をしていなかったり、分煙の仕方が徹底されていなかったために起こるクレームがあります。アレルギー表示を怠るのはお客様の健康を損なってしまう非常に危険なことです。タバコも、ただ席を区切るだけでは煙は流れてしまいます。

　また、後から注文したお客様に先に料理を出してしまうと、クレームになる場合が多いです。時間のかかる料理を注文したお客様にはあらかじめ時間がかかることを説明しておく必要があります。これらの例は、いずれもお客様への配慮が足りずに起こるクレームです。

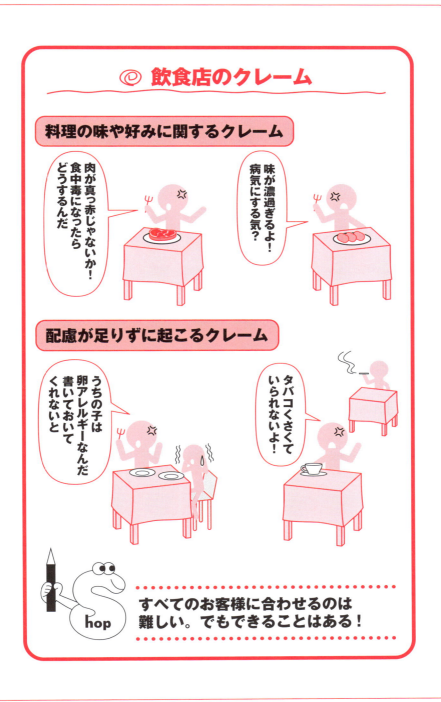

# 46 お酒を出す店で多いクレーム

**酔っているとささいなことがトラブルに発展**

### お客様同士のトラブルが頻発

　お酒を出す店では、酔ったお客様からのクレームがヒートアップしやすくなります。大人数で大きな声で騒いでいる席があると、周りのお客様からのクレームがたくさん寄せられます。「隣のやつらがうるさいからなんとかしろ」と怒鳴られることもあります。また、お客様がスタッフにクレームを言うのではなく、直接騒いでいる席に伝えに行くこともあります。お互いにお酒が入っているので、激しい口論に発展し、最悪の場合には暴力沙汰になることもあります。

　酔っていると、ささいなことに気が触れてお客様同士の口論になるケースは非常に多く見受けられます。その騒ぎを聞いた周りのお客様からもクレームになるので、うまく仲裁することに骨を折られることになります。

### メニューの品切れは極力避けたい

「これおいしそうだから、今日はここで飲もう」と、店の外にあるメニューの看板を見て来店されたお客様が席で注文すると、多くのメニューが品切れになっていた、というケースをよく聞きます。

　生鮮食品などの仕入れの都合上、やむを得ないこともあると思いますが、あまりに多くの品が欠品していると、信頼を失います。また、品切れしている商品を店の外の看板にも、きちんと書いておく配慮も重要です。

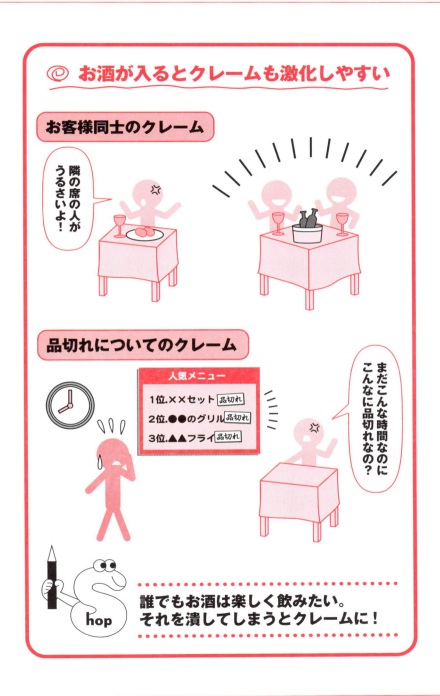

# 47 ファストフード店で多いクレーム

**流れ作業のように接客していると思わぬクレームに**

### お持ち帰りで「注文したものと違う！」

　ファストフード店では、お持ち帰りで購入されたお客様から「ストローが入っていなくて飲み物が飲めない。今から持ってきて」というクレームや「注文したものと別のものが入っていた。作り直して持ってきて」というようなクレームが寄せられます。多くの方は、今度から気をつけてという忠告で済みますが、なかには自宅まで届けるように言う方もいます。

　いずれにしても、注文を間違えていたり、ストローなどの入れ忘れがあるとご不便をかけたり、せっかくの食事に水をさすことになってしまいます。大きな数の注文であれば複数で確認したり、忙しいときでも、オーダーシートを逐一チェックするなどしてミスを減らしましょう。

### マニュアル通りの受け答えから脱却する

　ファストフードのスタッフはいつも笑顔でハキハキと応対していますが、なかには新人でしょうか、表情が硬かったり、声が小さかったり、「今月のオススメはなんですか？」と聞くと、よくある定番を答えるスタッフがいます。

　お客様の中にはいわゆる「マニュアル接客」を嫌う方もいらっしゃいます。作り笑顔と教科書通りの受け答えばかりしていては、お客様に見透かされてしまいます。忙しいときに、自然な笑顔や応対をするのが難しいこともありますが、しっかりと接客のプロフェッショナルとしての振る舞いをしましょう。

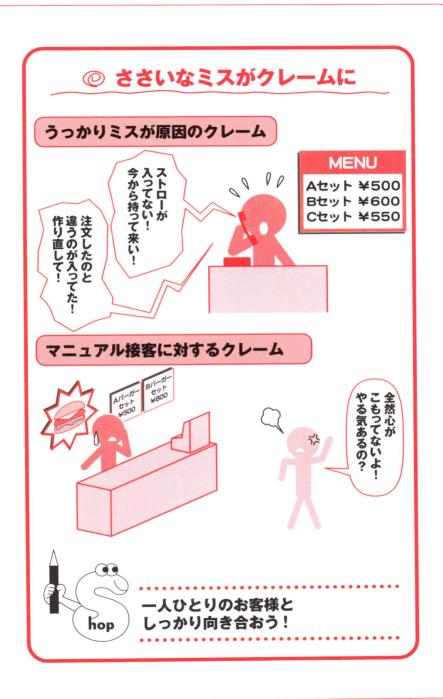

## 48 フードコートで多いクレーム

**土日の昼時はカオス状態！様々なクレームが寄せられる**

### 混雑がひといとき

休日の混雑時のフードコートは、席が空いていないので座れない、オーダーしたものがなかなかでき上がって来ない、などのクレームが多発します。テーブルの回転をできるだけ早くしたいところですが、家族連れや友人同士のグループはそれぞれに食べたいものが違って、よけいに時間がかかるようです。それぞれのコーナーのスタッフだけでなく、案内係や清掃スタッフまで、お客様からの問い合わせにすぐに応対できるように体制を整えておくことが大切です。

### 注文システムが原因のとき

料理提供のシステムが店ごとに違うのも、お客様を混乱させる原因です。ある店では会計後レシートに書いてある番号で呼び出しがあり、ある店では呼び出しの端末を鳴らして知らせている一方、別の店では番号札で応対するなど、利用の仕方に戸惑うお客様がいると、後ろに長い列ができます。

購入方法を図示したり、案内係を立たせてメニュー表を先に渡してお選びいただくなど、混雑緩和のための工夫をしましょう。

### 衛生面に対するクレーム

夏場などで暑いキッチンで汗だくになって調理するスタッフを見たお客様から、汗が料理に入るのではとクレームになった店もあります。常にお客様に見られているという意識を持ち、スタッフの身だしなみやキッチンの清潔感にも注意を払う必要があります。

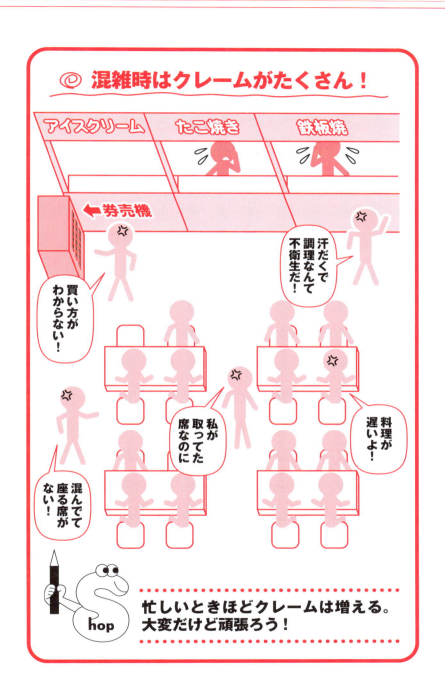

# COLUMN
# クレーム詐欺や悪質な クレーマーには十分に注意

### クレーム詐欺の常習犯

　とても残念なことですが、お客様の中には店からお金や品物をだまし取ろうとする心ない人たちもいます。

　あるスーパーマーケットに「ここで売っている弁当がまずくて食べられたものじゃなかった。返金してお詫びしろ」と怒鳴り込んできた男性がいました。あまりにすごい剣幕のため店長が応対しました。「レシートか現品をお持ちいただけますか」と言っても「そんなもの捨ててしまった。いいから代金の750円よこせ」の一辺倒です。あまりに埒があかないため、店長は代金を渡してしまいました。後になってわかったことですが、この男性は近隣の店で有名な「クレーム詐欺」の常習犯でした。

### 難癖をつけたいだけのクレーマー

　詐欺の他にも、クレームを言うことだけを目的に来店する方もいます。あるスーパーに定期的に現われる年配の男性客は、スタッフを捕まえては「この店の魚は他のスーパーに比べて質が悪い」「品揃えが悪い」「接客態度がなってない」などとあらゆることにケチをつけてきます。忙しい時間帯でもおかまいなしに、長々とクレームをつけるのでスタッフはうんざりしていました。

　見返りを要求するのではなく、ただクレームを言うのを目的として来店される方がいます。本人は「店にアドバイスしてあげている」と思っている場合もあるようです。こうしたケースは邪険にしては逆効果なので、上手に受け流すように応対しましょう。

## PART 5

# トラブルの芽を事前につむ
# 「クレーム予防策」

クレームになりそうなことには先回りして対策を。
過去のクレームの研究と事前の準備をしっかりとしましょう。
お客様に愛されるお店になるためのクレーム予防策を紹介します。

49 ➡ ➡ ➡ 60

## 49 クレームが増えたときは必ず原因がある

**いろいろな角度から考えると解決策が見つかることも**

### クレームの内容を掘り下げて考えよう

　ある飲食店では、接客態度に対するクレームが急激に増えてきていました。その場では店長が出て行って丁重にお詫びして、後でそのスタッフにはしっかりと注意するようにしていました。しかし、クレームの数が少なくなることはありませんでした。

　原因を検証した結果、ちょうど退職者が何人か続いた時期とクレームが増え始めた時期が重なりました。在籍しているメンバーでシフトを回すこと自体は可能だったのですが、そのためにオーバーワーク気味になり、休みを取りづらくなり、スタッフのストレスが溜まっていきました。そのツケが回って、接客のクオリティが下がってしまい、クレームの増加につながっていたのです。

### 原因が複数からんでいる場合も多い

　上記のような例だと、接客態度が悪いとスタッフに注意しても、ますますスタッフのモチベーションは下がり、不信感が募ります。怒れば怒るほど逆効果になってしまいます。

　お客様がクレームを抱える原因は表面的なものだけではなく、いろいろな事情がからみ合っている場合が多いです。同様のクレームが続いたり、普段は来ないような種類のクレームが寄せられたときには、様々な角度から考える必要があります。

　ただ、背景を考えることは非常に重要ですが、「その日は人手不足で」「ミスをした彼は新人だった」とお客様に言い訳のように伝えるのは避けましょう。

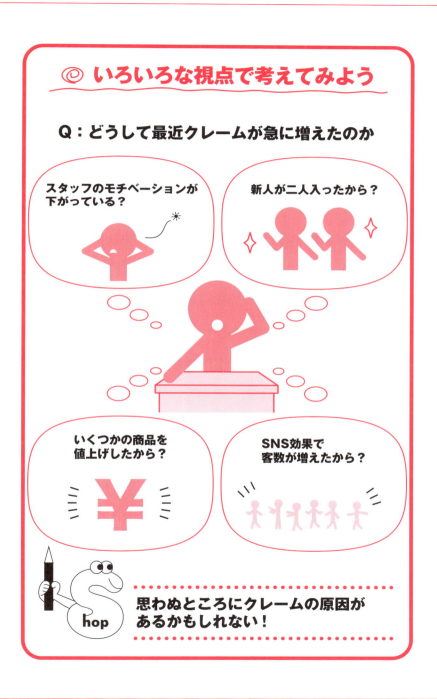

## 50 普段の接客レベルを上げるのが最大の予防策

**いいかげんな応対がクレームを誘発する**

### 応対がいいと美談に

　混雑時のあるレストランでの話です。その店はセルフ式で、注文して受け取った後、自分で席まで持っていくシステムになっていました。
　ある女性客が家族の分も注文して運んでいる途中、手を滑らせてほとんどのお皿やグラスを割ってしまい、料理は床でぐしゃぐしゃになりました。するとその音を聞いてすぐに掃除用具を持ったスタッフが駆けつけて、「おケガはありませんか」と確認し、こともなげに辺りをきれいに片づけました。そしてお客様のレシートを確認して、同じ注文分を作り直しました。お客様はお支払いするとおっしゃったのですが、スタッフは笑顔でそれをお断りしました。そのお客様は後に感謝の気持ちを書いたお手紙を送ってくださったそうです。

### 応対が悪いとクレームに

　一方で、こちらも混雑時の別のレストランでの例です。お客様が食事中、グラスを落として割ってしまいました。スタッフはなかなかやって来ず、お客様自ら呼びに行くことに。「後で片づけますので、そのままにしておいてください」と言われたものの、その後やってくる気配がありません。他のお客様は落ちた破片をよけながら歩くような始末に。結局、そのお客様は自分で破片を集めたそうです。数日後、その店にお客様からの投書がありましたが、内容は怒りというよりもあきれた、ということが書かれていました。
　混雑時で人が足りないとは言え、応対の差がその後の集客にも大きな影響を及ぼすのです。

# 51 スタッフの言動をお客様はよく見ている

お客様の前でおしゃべりしたりしていませんか？

### 売場はステージ。見られていることを意識する

売場はよくステージに例えられます。舞台上にいるのだから、すべての仕草や表情はお客様から見られている、だから常に意識して行動するように、という意味です。

舞台にいるからには、体調が悪かったり、気分がすぐれなかったり、という個人的な理由はお客様には関係ありません。しっかりとプロ意識を持って、すべてのお客様に対して笑顔で迎えられるように気をつけましょう。

### お客様にどう見えるかを考えて行動する

あるアパレル店で、スタッフの二人が売り場で話をしていました。内容は仕事に関するものだったのですが、それを見ていたお客様は自分が笑われていると思ったそうで、クレームになりました。

お買い物中のお客様は店側が想像する以上にセンシティブです。スタッフにとってみれば何気ない行動でも、表情や言葉一つを取って、無愛想な態度だった、小馬鹿にされているようだった、とお客様に言われてしまうことがよくあります。

上記の例のように、売り場ではスタッフ同士で相談したり指示を出したり、といった機会も多々あると思います。しかし、お客様にとって、売り場は「接客される場所」なのです。どんな話題であろうと、スタッフが話していたら、サボっていると思う方もいますし、自分のことを嘲笑している、と思う方もいらっしゃいます。不要なクレームを減らすために、売り場での振る舞いに気をつけましょう。

## 52 「期待ギャップ」にクレームが生まれる

**ホテルのような店構えなのに接客が最悪…**

### 「まずかったから返金しろ」が一理あることも

　クレームが生じる理由の一つに、お客様が期待しているものと、店側が提供するサービスにギャップがある、というものがあります。レストランなどで、「料理がまずかったから返金しろ」と店頭で騒いだお客様がいたら、営業妨害として警察や警備の方に来てもらって収拾をつけることも多いと思います。

　このようなケースはお客様が極端な人だった、として片づけてしまうことが多いですが、期待していた味との落差が大きかった場合、お客様がまずかったと伝えたくなるのは当然のことです。とくに、雰囲気がおしゃれな店であったり、値段設定が比較的高価であったりした場合、このようなギャップは生じやすくなります。

### きれいな店ほどお客様は期待する

　あるカフェではリニューアルに伴って、内装を豪華で高級ホテルのようなインテリアに変更しました。提供する飲食物や、接客方法、スタッフは変わっていないのですが、その後寄せられるクレームの数が従来の倍になってしまいました。クレームの内容を見てみると、「予想していたよりもコーヒーがおいしくなかった」「接客がいいかげんだった」といった意見が多く、お客様の期待値と実際に提供するもののギャップがクレームにつながってしまうことを示しています。

　こうした例はハイグレードの店や評判の高い店に多い傾向にあります。来店するお客様もサービスや商品のクオリティにかなり敏感になるようです。

PART 5 トラブルの芽を事前につむ「クレーム予防策」

# 53 「挨拶」と「名札」で クレームが激減

## 名前がわかる人への安心感は大きい

### 声がけひとつで印象が変わる

　クレーム応対というよりは、接客の基本の部分になりますが、店のスタッフの言動によってクレームの種の多くをつむことができます。

　お客様が来店されたときに、無愛想な挨拶をされるのと、しっかりと目を見ながらていねいな挨拶をされるのとでは、その後の印象がまったく違ってきます。

　また、たとえば飲食店でお客様から食事後に体調を崩されたとの申し出が後日あったとき、原因が本当に自分の店なのか、仮に本当だった場合はどのような補償を求められるのか、などと様々なことが頭を巡ると思います。しかし、ひと言目に「ご体調はいかがですか」と、何よりもまずお客様を気遣う言葉が自然に出てくるかどうかが、非常に重要です。

### 名札で匿名性をなくす

　また、意外なところでは、名札の有無がクレーム件数にかかわってくることもあります。

　サービスの内容や店構え、スタッフのスキルなどがほとんど同じマッサージ店のA店では名札をつけ、B店では名札なしで接客をしていました。結果はA店の方が圧倒的にクレーム件数は少なく、ハードクレームになることもほとんどなかったそうです。

　匿名の人間による接客と、顔と名前がわかる人からの接客とでは、お客様の受ける印象、そしてスタッフの責任感に差異が生まれるからだと思われます。

## ◎「顔の見える」接客を

### ○ 原因云々よりも、まずはお客様の体調を伺おう

### ○ 名札をつけるとハードクレームになりづらい

ちょっとした工夫でクレームはおさえられる

## 54 「申し訳ありません」以外の謝り方を覚える

**語彙を増やして脱マニュアル化**

### 同じ受け答えばかりだと…

「さっきから『申し訳ありません』ばっかりじゃない！ アンタはマニュアル通りにしか話せないの!?」と激昂するお客様がたまにいらっしゃいます。たしかにこれはお客様の言い分に納得です。お客様は自分の気持ちを理解してもらいたくてクレームを言っています。そこに判で押したような受け答えしかできないスタッフに応対されたら、理解する気もなく早く終わらせたがっていると解釈されます。

### 話をよく聞いたうえで返答に変化をつける

そうならないための基本は、PART1でお伝えした「オウム返し」を駆使することです。お客様の発言を要約しながらお伝えして、理解していることを示しましょう。「オウム返し+謝罪」のパターンも有効です。「○○のためにお客様にご不便をおかけして申し訳ありませんでした」などという具合です。

また、同意のあいづちも「おっしゃる通りです」だけでなく、いろいろな言葉を混ぜましょう。「その通りでございます」「さようです」「ごもっともなことでございます」など、うまく使い分けると、マニュアル的な印象を避けることができます。

語彙を増やすには、普段から意識して様々な表現を使う姿勢が大切です。また、接客が上手な人の応対を見て学ぶのもいいでしょう。お客様からの信頼が厚いスタッフは、お客様の年代に合わせて豊かな語彙を持っているものです。よく観察してみましょう。

## 55 注意事項はPOPと口頭で伝えておく

「説明しないほうが悪い」を封じる

### クレームになりそうなことに先回りする

　後々クレームになった場合を考えて、お客様とのトラブルになりそうなことに先回りして、注意書きしたり、口頭で伝えておくという手もあります。「言った」「言わない」とお客様と押し問答になった際に、「こちらに掲示してありますように、どなた様にもお願いしております」と説明するときの助けになります。

### 「こちらに記載してある通り…」と言うとスムーズに

　返品に関してのクレームが多ければ、「セール商品の返品・返金・交換はいたしかねます」「未使用品でレシートをお持ちいただいた場合に限り、購入後1か月以内でしたら返品・返金いたします」などと売り場にPOPを設け、会計時にも再度お伝えすると効果的です。

　アパレル品の素材へのクレームに対しても「ドライクリーニングでお願いします。ご自宅でのお洗濯はできません」「濡れたものと一緒にしますと色落ちをする可能性がございます」と会計時にお伝えすれば、お客様にとても親切になります。

　また、お客様の迷惑行為に苦慮していて、口頭で伝えても「ダメとは知らなかった」と言われてしまうことも多いです。これも店内に「商品は撮影禁止です」「店内でのご飲食はお断りいたします」「自撮り棒はご遠慮ください」などと明示しておきましょう。とくに海外のお客様が多いお店では、こうした応対に悩んでいると思います。英語と併記して掲示するようにしましょう。

# 56 スタッフ同士で意見を出し合って問題解決

クレームを確実にフィードバックして改善していく

### 「お客様の声」を張り出すお店も

　悪質なクレームではなく、サービスの向上を求めるようなクレームの場合、それを言ってくださるお客様の多くは、常連客である可能性があります。なかには、捨て台詞のように、文句を言っただけで再来店されない方もいますが、切実に訴えてくるお客様は、これからもお店を利用したいからクレームをおっしゃるのです。
　だからこそ、お客様からいただいたクレームの声は確実にフィードバックすることが重要です。スーパーマーケットなどでは、寄せられた「お客様の声」を貼り出して、応対を具体的に書いているお店も多いです。自分の声がお店に届いていることを確認できる、良い方法だと思います。

### スタッフの心がけ次第で改善できることも多い

　たとえば、トイレが汚れている、というご指摘を多くいただいたのならば、定期清掃の回数を増やすなど、具体的に取れる対策があると思います。もちろん、予算の都合で難しかったり、すぐに効果の出ることではなかったりと、目に見えた結果を見せることはできないこともあるでしょう。しかし、店側として改善の余地ありと判断したクレームに対しては、なるべく行動に移す姿勢を見せましょう。
　クレームには必ず原因があります。注文から会計、ギフト包装、配送手続きと複数のスタッフがからむ場合であったり、新人スタッフをフォローする体制が整っていない場合であったりと、表面を見るだけでなく、必ず根本の原因を解消できるようにしましょう。

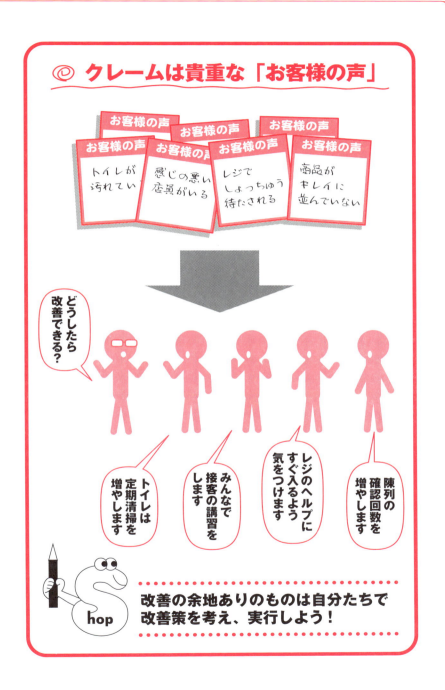

# 57 ロールプレイングで応対を学ぶ

お客様役をやってみるとお客様の気持ちがよくわかる

### クレーム研修を受けている人は少ない

　私は仕事でクレーム応対のセミナーを行っていますが、参加されるのは店長や社員の方がほとんどで、アルバイトやパートの方を含めた店舗のスタッフ全員がクレーム応対を学んでいる店はなかなかありません。そこで、この項では簡単にできるクレーム応対のロールプレイングをご紹介します。

　朝礼のときなどで定期的に行ってみてください。頭ではこうすればいい、と理解していても、実際の場面になると言葉が出てこなくなってしまうものです。声に出して応対の練習をしてみましょう。

### 実際に二人組になってやってみよう

　まずは実際に店で過去にあった事例でやってみましょう。スタッフ役とお客様役にわかれて、会話をします。たとえばお客様役が「商品を家に帰って開けたら壊れていた」と具体的に伝えるところから始めます。スタッフ側は、現品やレシートの有無を確認するなど、情報収集から始めます。このようなやりとりの過程で、「今の言い方、ちょっと失礼な印象だったよ」とお客様役が気づいた点を教えてあげましょう。お客様役も、「こんなに嫌な気持ちだったんだ」と気づくことがあると思います。

　過去の事例を一通りやったら、今度はお客様役が自らクレームの種を探してみましょう。店の不備に気づくことができます。

　ただ、このようなロールプレイングを行うときには、あら探しをしたり悪口を言うようなことにならないように注意しましょう。

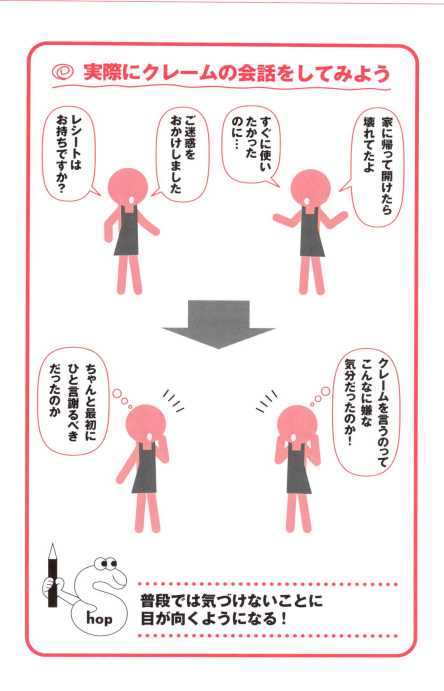

# 58 SNSでよけいな書き込みをしない

「こんなクレーマーが来た」が大炎上

### ▶ その情報、全世界に公開中です

　近年、スタッフが有名人の来店情報や、閉店後やバックヤードで悪ふざけをしている様子をSNSに投稿して、問題になっています。そういったことをするのは論外ですが、気をつけたいのは、「こんなクレーマーが来た」などとスタッフがお客様の情報を公開してしまうことです。今の時代は、一つのSNS上の発言に問題があると、過去の発言などあらゆるところをすぐに調べられて、個人情報を特定されてしまいます。「○○店の○○というスタッフがこんな発言をして、顧客をさらしている」となってしまったら最悪です。店の信用やイメージは大きく崩れ去ってしまいます。

### ▶ 気をつけたいネットリテラシー

　クレーム応対でお客様に怒鳴られたりしたら、SNS上で周りに聞いてもらって憂さ晴らしをしたくなるのはとてもよくわかります。しかし、その発言は世界中に公開されています。「自分は大丈夫」「少しくらいなら問題ない」「友人にしか公開していないから」などと過信してはいけません。誰がどのようにとらえるかわからないので、不用意な発言は控えるようにしましょう。
　アルバイトやパートなどの形態を問わず、お店で働くということは看板を背負っているということになります。スタッフしか知り得ない店の内部情報や業務にかかわること、お客様の個人情報などは決して外に漏らさないようにしましょう。プライベートの時間だからと気を抜かず、きちんとわきまえることは働くうえでの絶対条件です。

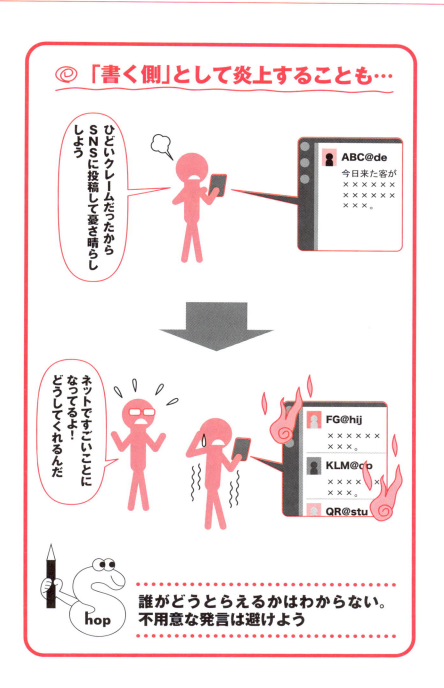

## 59 クレームに心を折られない上手な切り替え法

**落ち込んだときは仲間に話してリフレッシュ**

### 怒鳴られるのはやっぱりつらい…

　本書では「クレームをポジティブにとらえよう」と繰り返し述べていますが、ときには「そんなきれいごとを言ったって…」と思うほどつらいクレームに当たることもあると思います。仕事とはいえ、怒鳴られたり文句を言われたりするのは、誰でも心が折れそうになると思います。実際にクレーム応対が原因で仕事が嫌になってしまい退職した方や、鬱病になってしまった方もいます。

　お気持ちは痛いほどわかりますが、クレームに心を折られないようにメンタルを健康に保つ方法を見つけてくだされば、と思います。

　私がオススメする方法の一つは、人に話すことです。誰かに話を聞いてもらうだけで、ストレス軽減や気持ちが軽くなるような効果があると心理学的に言われています。一番身近で状況を知っている同僚がいいでしょう。もちろん、こういった内容をSNSなどに載せるのはダメですが、同僚と「こんなお客様がいた」と話す分にはいいと思います。お互いに嫌な思いを吐き出し合いましょう。

### 「そういうお客様もいる」と一歩引いて見る

　また、お客様もそれぞれ複雑な事情を抱えながらクレームを叫んでいるのかもしれません。一度怒鳴ってしまった後に勘違いに気づいたけれど、引くに引けなくなっている場合もよくあります。お客様の言うことに耳を傾けることはもちろん大事ですが、それだけを気にしないことです。「ひどいことを言うお客様もいる」くらいに一歩引いた目線で見るというのも、一つの技術です。

# 結局最後は「ホスピタリティ精神」

おもてなしの心の積み重ねで愛されるお店に

### 常にお客様にできる最高のことは何かを考える

　接客業にクレームはつきものですが、必ずしもネガティブなものではないということは繰り返しお伝えしてきました。クレームを受けないようにする、つまりはお客様に不便な思いをさせないためにはどうしたらいいか。また、クレームを言われてしまったときに、どうしたらお客様に納得いただけて、再来店してもらえるようになるのか。

　それらを考えるときに一番大事なことは、精神論になってしまいますが、「ホスピタリティ精神」、つまり「おもてなし」の心だと思います。

### 閉店時間でも応対してくれたことに感謝

　たとえば、閉店時間ぎりぎりに「今日買って家に帰ったら初期不良だった。明日使いたいから今直してほしい」と言ってお客様がいらっしゃったときに、「もう閉店時間だから無理です」と言うのか、「ご不便かけて申し訳ありません。すぐに直しましょう」と言うのか。

　もちろん、店の営業時間に従ってお断りすることもできるでしょう。けれども、初期不良という店側の責任を重くとらえて、時間外でも誠意を持って応対する、そういったところにお客様の心は動くのだと思います。

　普段の接客からクレーム応対まで、スタッフがホスピタリティ精神を持っている店は、クレームを減らしたり激化させないだけでなく、長期的にお客様から愛される店になります。ぜひ、クレームを減らすだけでなく、売上や評判もアップする応対を目指しましょう。

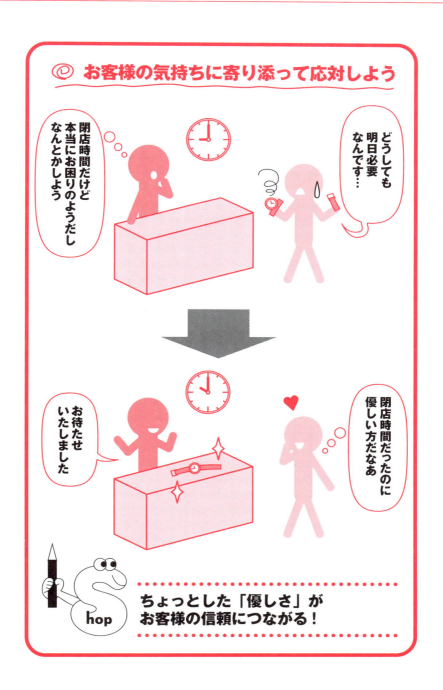

## コラム5

# COLUMN
# ショッピングセンターのテナントのクレーム事情

### 自分の店以外のことは報告する

　大型のショッピングセンターのテナント店には多数のクレームが寄せられます。その中には、店舗に関してではなく、ショッピングセンター全体にかかわるものも少なくありません。たとえば、「駐車場に車を入れづらかった」「空調が寒い」「トイレが壊れている」「案内表示がわかりづらい」など多岐に渡ります。こうしたクレームはそのままにせず、ディベロッパーに伝えるようにしましょう。

### 施設全体に関する質問に答えられるように

　施設全体に関する質問に答えられずに、クレームになることもよくあります。「トイレの場所を聞いたら、全然違う方向に案内された」といったものや「イベントの内容を聞いても、何もわからないようだった」というようなクレームが寄せられます。イベントの場所や内容、駐車場の料金システムやトイレの場所などといった館内の情報は、スタッフ全員で必ず共有しておくようにしましょう。

### ディベロッパーと協力する

　店舗のクレームの解決が難航した場合は、ディベロッパーの方の助けを借りるという手段もあります。ディベロッパーの担当者は中立の立場なので、店とお客様の間に入っての仲裁がうまくいきやすくなります。また、彼らの多くは営業担当なので、商業施設全体のルールに詳しく、クレーム応対にも慣れていることが多いです。
　いざというときは依頼して、一緒にお客様のもとに応対しにいってもらうといいでしょう。

## 【著者紹介】

### 西村宏子（にしむら・ひろこ）

■──リテックス・ジャパン株式会社　副社長　執行役員
　慶應義塾大学法学部政治学科卒業後、当時日本一の売り場面積で開業した百貨店に入社。新入社員にもかかわらず教育インストラクターとして配属され、接客マナー、販売実務の研修を担当、社内プロジェクトの売り場責任者も兼務、サービス向上やクレーム応対に努め、担当売り場で3年間クレームゼロを達成する。教育担当者として直接、全館の電話クレームも応対。

■──その後、一般財団法人ファッション振興財団でアパレル業界のプロを対象とした研修の企画立案や、ショッピングセンターや専門店で販売スキルアップの研修コンサルタントとして活躍。2011年にリテックス・ジャパン株式会社を設立。販売力向上、クレーム応対、店長研修、組織風土改革などを手掛ける。豊富な実例を用いた実習が好評を博している。雑誌『商業界』『ファッション販売』等で定期的に執筆している。

■──著書に『すぐ分かる食品クレーム対応ハンドブック』（商業界）、『一日三善』（繊研新聞社）、共著に『ファッション販売員プロの常識BOOK』『ファッション販売 必ず聞かれる売場の知識 VISUAL BOOK』（共に商業界）などがある。

【リテックス・ジャパン株式会社HP】
http://www.retex-japan.com

---

## クレーム応対の教科書

2016年8月31日　　第1刷発行

著　者────西村宏子
発行者────徳留慶太郎
発行所────株式会社すばる舎

　　　　　東京都豊島区東池袋3-9-7 東池袋織本ビル　〒170-0013
　　　　　TEL　03-3981-8651（代表）　03-3981-0767（営業部）
　　　　　振替　00140-7-116563
　　　　　http://www.subarusya.jp/

印　刷────株式会社シナノ

落丁・乱丁本はお取り替えいたします
©Hiroko Nishimura　2016 Printed in Japan
ISBN978-4-7991-0550-4

## 大好評!! すばる舎の 1 THEME × MINUTE シリーズ

### わかる!! できる!! 売れる!!
# 店長の教科書

店長育成のプロ
店舗運営コンサルタント　　森下裕道＝著

定価：本体 1,400円＋税
ISBN978-4-7991-0094-3　C0030

PROLOGUE　店長のやり方次第で、お店は劇的に変わる!
PART1　まずは知っておきたい「店長の基本」
PART2　お客様がどんどん増える!「売り場づくり」
PART3　任せて安心!売上も伸びる!「スタッフ教育」
PART4　常に目標達成!お店安泰の「数字管理」
PART5　いざ実践!売れ続けるための「店舗戦略」

**店長次第で繁盛店になれる!! 66のテクニックを紹介!!**

**大好評!! すばる舎の 1 THEME × MINUTE シリーズ**

## わかる!! できる!! 売れる!!
# 接客の教科書

接客マエストロ
Family Smile 代表取締役　成田直人＝著

定価：本体 1,400 円＋税
ISBN978-4-7991-0055-4　C0030

PROLOGUE　接客スキルを磨けば、どんどん売れる!
PART1　まずは知っておきたい「接客の基本」
PART2　どんなお客様からも「好かれる接客」
PART3　売上みるみるアップ!「トップ販売員の接客」
PART4　リピーターが続々!「感動される接客」
PART5　これで接客に集中!「オペレーション力アップ」
PART6　さらに上を目指そう!「チームワークの接客」

**接客次第でリピーター倍増!! 64の接客テクニックを紹介!!**